河南省服务贸易发展问题研究

王 菲 著

经济管理出版社
ECONOMY & MANAGEMENT PUBLISHING HOUSE

图书在版编目（CIP）数据

河南省服务贸易发展问题研究/王菲著．—北京：经济管理出版社，2023.11
ISBN 978-7-5096-9498-5

Ⅰ.①河… Ⅱ.①王… Ⅲ.①服务贸易—经济发展—研究—河南 Ⅳ.①F752.861

中国国家版本馆 CIP 数据核字（2023）第 234857 号

组稿编辑：申桂萍
责任编辑：乔倩颖
责任印制：黄章平
责任校对：张晓燕

出版发行：经济管理出版社
　　　　　（北京市海淀区北蜂窝 8 号中雅大厦 A 座 11 层　100038）
网　　址：www.E-mp.com.cn
电　　话：（010）51915602
印　　刷：唐山昊达印刷有限公司
经　　销：新华书店
开　　本：720mm×1000mm/16
印　　张：11.25
字　　数：155 千字
版　　次：2023 年 12 月第 1 版　　2023 年 12 月第 1 次印刷
书　　号：ISBN 978-7-5096-9498-5
定　　价：78.00 元

前　言

自 2008 年美国次贷危机爆发以来，世界各国深受全球金融危机阴霾的影响，具体表现为世界经济增长动能不足、全球化进程放缓且不确定性增强。正如习近平总书记所指出："2017 年以来，全球经济出现了稳定向好态势，但世界经济增长依旧乏力，贸易保护主义、孤立主义和民粹主义等思潮不断抬头，世界和平与发展面临的挑战越来越严峻。"受次贷危机影响，中国经济进入了以"三期叠加"为特征的新常态，经济下行的因素不断增多，产业结构转型升级的瓶颈问题日益突出，出口贸易动力不足，这迫切需要中国将其发展模式从规模速度型粗放增长转向质量效率型集约增长，从要素投资驱动转向创新驱动。同时，全球范围内贸易保护主义进一步蔓延，逆全球化问题愈演愈烈，货物贸易的自由化进程受到严重干扰和威胁。因此，在全球货物贸易增速放缓且减速风险逐渐加大的情况下，不断扩大服务业的对外开放与加快服务贸易的发展势在必行。尽管近年来全球服务贸易在波折中前行，发展呈现跌宕起伏态势，但总体增速快于货物贸易，成为拉动贸易与经济增长的新引擎。据我国商务部统计，2019 年中国服务进出口规模创历史新高，结构持续优化，质量明显提升，而新冠肺炎疫情暴发初期高附加值的现代服务贸易逆势增长，则进一步充分说明服务贸易已然成为稳定经济的新引擎，促进服务贸易做大做强对于加快构建"双循环"新发展格局具有重要的战略意义。在深化服务业改革与促进服务贸易发展的国家顶层设计层面，2017 年《中共中央 国务院关于开展质量提升行动的指导意见》提出"服务业提质增效"的总体目标，2018 年国务院先后发布《关于积极有效利用外资推动经济高质量发展若干措施的通知》和《关于支持自由贸易试验区深化改革创新若干措施的通知》，指出要通过取消或放宽交通运输、商贸物流和专业服务等领域外资准入限制，持续推进服务业开放，借鉴北京市服务业扩大开放综合试点经验，营造优良投资环境。2020 年 8 月，国务院正式批复同意在 28 个省、市（区域）全面深化服务贸易创新发展试点。2021 年 10 月，商务部等 24 部门联合印发《"十四五"服务贸易发展规划》，明确了服务贸易"十四五"时期发展的目标，并对 2035 年远景目标进行了展望，提出深化改革开放、加快数字化进程、优化行业结构、完善区域布局、壮大市场主体、深化对外合作六项重点任务。

河南省作为中国人口大省和支撑中部地区崛起战略实施的重要经济板块，改革开放 40 余年来，其经济与社会发展出现了巨大变化，产业结构不断优化升级，尤其是以服务业为主的第三产业发展变化巨大，服务贸易高质量发展水平显著提高。据河南省统计局发布，2019 年，河南省 GDP 总额达 5.4 万亿元，增速 7.0%，经济总量继续稳居全国第五，其中第三产业增加值增长7.4%，第三产业在 2013~2019 年年均增长率近 10%，第三产业 GDP 占比逼近第二产业。2022 年，河南省 GDP 为 6.1 万亿元，比上年增长 3.1%。其中第三产业增加 3 万亿元，增长 2.0%。三次产业结构为 9.5：41.5：49.0。据2019 年河南省商务会议报告，2018 年全省服务贸易超 80 亿美元，其中服务出口超 14 亿美元，增长 48% 以上，服务外包接包合同执行额 8.7 亿美元，增长 153.5%，其中离岸外包执行额 2.7 亿美元，增长 213.6%。① 另据商务部统计，"十三五"时期河南省服务贸易额达 2804 亿元，稳居中部六省第 2 位。2021 年，全省服务贸易额 394.04 亿元，继续保持中部六省第 2 位，其中出口 148.35 亿元，同比增长 58.66%；承接离岸服务外包合同额 41.28 亿元，同比增长 108.8%；服务外包离岸执行额 20 亿元，同比增长 44.57%。河南运输、建筑等传统服务贸易平稳增长，电信计算机和信息服务、其他商业服务等知识密集型服务贸易较快增长，成为服务贸易增长的主要推动力。2021 年，河南电信、计算机和信息服务、知识产权等知识密集型服务业同比增长 22.6%，知识密集型服务贸易占全省服务贸易额的比重较 2020 年增加 2 个百分点。而国家外汇管理局河南省分局的数据显示，2021 年河南省服务贸易涉外收支总额为 23.18 亿美元，同比增长 35.56%，其中以技术服务、航空运输和经营性租赁等高附加值为代表的创新型服务贸易涉外收支为 6.35 亿美元，占比 27.39%，同比增长 118.15%。

河南地处内陆，不沿边、不靠海，近年来充分结合其交通区位优势，着力围绕打造内陆开放高地这一目标而创新发展，以推进交通枢纽建设为切入点，以打造国际航空物流中心为突破口，以郑州航空港经济综合实验区为开放平台，打通了"空中丝绸之路"，带动了"网上丝绸之路""陆上丝绸之路"，对接了"海上丝绸之路"，积极融入国家"一带一路"建设，形成了四路协同并进的开放格局。中国（河南）自由贸易试验区（简称河南自贸区），总体实施范围达到 119.77 平方千米，一共有 3 个片区，分别位于河南省的郑州市、开封市和洛阳市境内。河南省政府对这 3 个片区进行各自的产业区域定位，互相补充、共同发展。中国（河南）自由贸易试验区当前的整体发展战略定位是：加快建设贯通南北、连接东西的现代立体交通体系和现代物流

---

① 该数据是河南商务厅联系国家外汇管理局得到的，2019 年的数据无法获取。

体系，将河南自贸区建设成为服务于"一带一路"建设的现代综合交通枢纽、全面改革开放试验田和内陆开放型经济示范区。据河南省商务厅发布，2019 年河南对"一带一路"沿线国家进出口增长 14.6%。2022 年，河南对"一带一路"倡议参与国进出口 2228.9 亿元，增长 23%，增速提升 7.4 个百分点，占 26.1%，占比较 2021 年提升 3.9 个百分点。河南对 RCEP 成员国进出口 2552.2 亿元，同比增长 15.9%，占比升至 29.9%。然而，依据国际公认标准，当服务业增加值占 GDP 比重超过 60% 时才进入服务型经济发展阶段。2013 年世界银行的统计显示，高收入国家服务业比重平均为 72.5%，中等收入国家平均为 53%，而低收入国家平均为 46.1%。由此可见，与发达国家或地区相比，河南省产业结构依旧较为落后，服务贸易规模、结构和附加值依旧优势不足。

总之，随着"一带一路"建设朝着纵深方向持续推进，加快服务业扩大开放，打造服务贸易创新发展高地既是河南省推动外贸转型发展和助力产业升级的关键抓手，也是河南省经济高质量发展的内在要求和构建全面开放新格局的重要内容。对河南省而言，如何借力"一带一路"建设契机，借鉴发达国家和地区做大做强服务贸易的有益经验，对标世界高水准对外开放与国际服务贸易规则，精准而深入地嵌入国际服务贸易产业链，如何通过改革创新提升河南省服务贸易的国际竞争优势以加快建设贸易强省，这些都是河南省亟待解决的重要问题。

研究"一带一路"背景下河南服务业扩大开放发展问题具有重要的理论意义与实践意义，体现在以下四个方面：

首先，丰富已有的理论研究成果。目前，现有文献虽已较多关注服务贸易，但个案研究与单因素研究较多，且从结构视角研究省域服务贸易发展问题的文献也十分有限。本书将从服务产业的功能性结构、需求性结构和区域性结构三个维度，结合定性与定量研究方法，综合分析河南省服务贸易的特征、问题及其对经济的影响机制。同时，通过构建结构性分析的理论框架，可以为服务贸易发展模式评估提供更为系统性的研究范式。

其次，可以为河南省全面建成小康社会和打造内陆开放新高地注入活力。全面小康不仅是一个经济发展水平的概念，更是一个结构优化与均衡发展的概念。解决货物贸易与服务贸易发展长期失衡问题，优先发展服务贸易，着力推动服务贸易高质量发展，是推动河南省加快贸易强省建设和实现经济高质量发展的重要举措，也是解决人民日益增长的美好生活需要和不平衡不充分发展之间矛盾的必然要求。

再次，可以为河南省服务贸易的供给侧结构性改革提供支撑。当前，全球贸易保护主义蔓延，世界经济复苏的不确定性因素骤然增加，中国以及河南省面临的内外部环境错综复杂。然而，产业迭代升级的趋势不可逆转，加快推进服务业扩大开放既是世界发展的大势，也是新一轮高水平对外开放的重心，更是深度融入经济全球化进程和提升全球价值链地位的重要途径。因此，紧紧把握服务业扩大开放这一政策风口，加快实施服务贸易的供给侧结构性改革，大力发展人才密集型、知识和技术密集型现代服务业与服务贸易，形成深植本地、辐射全国、面向全球的贸易、投融资、生产和服务网络，积极培育服务贸易合作和竞争新优势，对提升"河南服务"的国际竞争力和影响力具有深远意义。

最后，可以为河南省有关部门制定外贸政策与产业政策提供重要参考。研究服务贸易的演进规律及发展现状和问题，探究服务贸易与货物贸易的协同效应，揭示服务贸易促进产业升级与技术进步的机制，总结国内外服务业对外开放的有益经验，提出促进服务业扩大开放与创新发展的有效建议，将为河南省政府相关部门提供重要的理论参考与技术支持。

本书主要从以下五个方面的内容展开研究：一是服务贸易发展的理论基础研究，即从理论视角出发，深入分析服务贸易的内涵、特点、分类、影响因素和相关理论，揭示出服务贸易促进经济增长的机制；二是河南省服务贸易的发展历史与现状分析，即分别从总量和结构两个维度阐释河南省服务贸易的历史变迁，并通过横向对比说明其服务贸易发展存在的问题，探究服务业对外开放的微观与宏观环境；三是河南省服务贸易发展的经济效应研究，即运用协整模型定量研究经济增长中服务贸易与货物贸易的协同效应，基于贸易内生技术进步模型、结构变化效应原理、灰靶理论探究服务贸易的产业升级效应，利用数据包络分析和随机前沿分析测度服务贸易的技术进步效应；四是国内外服务业扩大开放的经验与启示，即选择美国、英国、法国、日本、韩国、德国以及中国北京、上海、广东、天津等作为典型研究案例，归纳总结其服务业扩大开放的特点与模式；五是促进河南服务业扩大开放的政策建议，即从加强市场准入负面清单管理、扩大外资市场准入领域、推动产业安全有序开放、完善引资平台载体建设、强化利用外资要素支持、优化营商环境建设、深化供给侧结构性改革、促进两业深度融合等方面提出促进服务贸易高质量发展、建设贸易强省的政策建议。

本书通过计量经济学模型进行实证分析，得出以下主要结论：从短期来看，河南省经济增长主要是自身的影响，而货物贸易和服务贸易也在经济增长的带动下实现了规模性增长。从长期来看，货物贸易和服务贸易都会对经济增长产生正向影响，且服务贸易的影响力度要大于货物贸易的影响力度。但是，货物贸易和服务贸易的相互影响效果并不显著，这说明河南省两类贸易的协同效应并未得到最大限度的发挥。而且，通过对河南服务贸易的发展历史与现状等分析发现，当前河南省经济与社会发展既面临着改革创新、政策支持、结构调整和国家战略的红利性因素支持，也面临着包括贸易结构在内的经济结构发展不平衡、产业整体附加值不高等现实挑战。同时，改革开放以来长期依赖的对外贸易外生动力日渐退化，货物贸易发展遭遇天花板。因此，以服务业扩大开放为突破口，以河南自由贸易试验区为平台，实现河南服务贸易跨越式发展，推动先进制造业和现代服务业深度融合，不仅可以增强对外贸易的内生动力，而且可以成为经济增速换挡时期落实"六稳"目标、助推经济行稳致远和高质量发展的重要支撑。

本书的创新点主要体现在以下几点：

第一，研究视角的新颖性。以往的研究大都是从服务业对外开放的某一个方面（如开放水平测度等）出发探究其促进产业结构升级的机理，而本书将从服务产业的功能性结构、需求性结构和区域性结构三个维度结合定性与定量研究方法综合分析河南省服务贸易的特征、问题及其对经济的影响机制。同时，通过构建结构性分析的理论框架，可以为服务贸易发展模式评估提供更具系统性的研究范式。

第二，研究方法的科学性。以往的研究多从总量或单一维度对服务贸易问题开展理论与实证研究，本书将通过总量与结构、静态与动态的综合性建模分析，定量化研究服务贸易与货物贸易的协同效应、服务贸易的产业升级效应和服务贸易的技术进步效应这三类效应。

第三，模式识别的系统性。本书将从服务贸易的多维分类结构出发，利用灰色系统理论中的灰靶理论来对服务贸易发展模式的优劣度进行评估，进而为识别服务贸易发展质量提供可行的分析框架。

第四，经验借鉴的前瞻性。本书将总结发达国家服务业扩大开放和发达地区服务贸易创新发展试点的宝贵经验，并在综合考虑河南省客观实情的基础上探索适应本省服务业扩大开放的道路。

目　录

1 绪论 ……………………………………………………………… 1

   1.1 研究背景与研究意义 ……………………………………… 1

   1.2 文献综述 ……………………………………………… 10

   1.3 研究内容与研究方法 …………………………………… 17

   1.4 主要创新 ……………………………………………… 19

2 服务贸易的概念界定及其与经济增长的关系 ………………… 21

   2.1 服务业与服务贸易 ……………………………………… 21

   2.2 服务贸易的特点与分类 ………………………………… 25

   2.3 服务贸易的影响因素 …………………………………… 28

   2.4 服务贸易发展与经济增长的关系 ……………………… 32

3 河南省服务贸易发展情况的综合性分析 …………………… 38

   3.1 总体性分析 ……………………………………………… 38

3.2 服务贸易竞争力分析 ………………………………… 42

3.3 结构性分析 …………………………………………… 49

3.4 环境分析 ……………………………………………… 56

3.5 自贸区发展分析 ……………………………………… 62

4 河南省服务贸易发展经济效应研究 …………………… 64

4.1 河南省服务贸易与货物贸易的协同效应研究 ………… 64

4.2 河南省服务贸易发展的产业升级效应研究 …………… 73

4.3 河南省服务贸易发展的技术效率研究 ………………… 87

5 国内外服务业扩大开放的经验与启示 ………………… 92

5.1 国外发达国家经验 …………………………………… 92

5.2 国内发达省份经验 …………………………………… 105

5.3 启示 …………………………………………………… 117

6 促进河南省服务贸易高质量发展的政策建议 ………… 128

6.1 发展思路 ……………………………………………… 128

6.2 重点发展领域 ………………………………………… 132

6.3 保障措施 ……………………………………………… 140

7 总结 …………………………………………………… 154

7.1 河南服务贸易存在的问题 …………………………… 154

7.2 借鉴先进经验，构建促进服务贸易发展的长效机制 …… 155

7.3 优化营商环境，打造促进服务贸易发展的生态系统 …… 156

7.4　促进两业深度融合，加快服务贸易高端化发展……………… 157

7.5　不断完善河南自贸区服务业建设…………………………… 158

参考文献 ………………………………………………………… 160

1　绪论

1.1　研究背景与研究意义

1.1.1　研究背景

（1）服务贸易的国际发展趋势及作用。

自 2008 年美国次贷危机爆发以来，世界各国深受全球金融危机阴霾的影响，具体表现为世界经济增长动能不足、全球化进程放缓、风险和不确定性增强。正如习近平总书记所指出，近年来，随着贸易保护主义、民粹主义等思潮的不断涌现，全球经济展现出较为稳定且不断向前发展的趋势，但是世界经济增长的动力依旧不足，对世界和平与发展提出愈加严峻的挑战。当前，在全球货物贸易增速放缓且减速风险逐渐加大的情况下，全球服务贸易在波折中前行，发展呈现跌宕起伏态势，但总体增速快于货物贸易，成为拉动全球贸易与经济增长的"新引擎"，以往的"工业经济"时代已转为"服务经济"时代（来有为、陈红娜，2017），虽然服务业贸易仍然仅占跨境贸易的1/5，但却是增长最快的部门（WTO，2017）。服务业已经极大程度地改变了国民经济，成为全球经济的支柱和国际贸易中最具活力的组成部分。

2019 年 10 月，世界贸易组织发布的《2019 年世界贸易报告》指出："2005 年以来，世界货物贸易额年均增长为 4.6%，而服务贸易额年均增长高于货物贸易，为 5.4%；2017 年服务贸易价值 13.3 万亿美元；2005～2017 年间，发展中经济体对服务贸易的贡献增长了 10 个百分点以上；服务业增加值占国际商品和服务贸易总值的近一半；服务贸易通过更有效的资源分配、更大的规模经济以及所提供的更多的服务种类，为社会创造了福利。同时，随着数字化技术的发展，远程交易量不断增加、相关贸易成本日益降低，国际贸易中最具活力的组成部分已变为服务贸易。在未来的 20 年里，服务在全球贸易中所占比重还将不断快速增长，并发挥越来越重要的作用。根据相关模拟报告结果，至 2040 年全球贸易中服务业所占的份额将增长 50%。发展中国家在全球服务贸易中的份额将提升近 1/5，当然这是在它们可以积极地发展数字化技术的前提下。"据世界贸易组织前总干事阿泽维多表示："从物流到金融再到信息技术，服务贸易已变为全球经济不可或缺的支柱，服务业占至少 67% 的经济产出。在发展中国家，服务业解决了 67% 以上的工作岗位，而在发达国家这个比例约为 80%。"服务贸易可以极大地促进各国经济增长，优化资源配置，提升企业竞争力并增加发展的包容性。然而，服务贸易及其对全球贸易的贡献容易被低估。对于这一点，服务贸易在国民经济增长中的重要作用应该被世界各国重视起来。

（2）中国服务贸易的发展概况。

受次贷危机影响，中国经济进入了以"三期叠加"为特征的新常态，面对导致经济下行的因素不断增多，产业结构转型升级的约束问题日益突出，出口贸易动力不足，且服务业起步较晚、发展严重滞后、需求结构失衡，中国必须迎难而上主动应对。特别是全球范围内贸易保护主义蔓延，逆全球化问题愈演愈烈，货物贸易的自由化进程受到严重干扰与威胁，扩大服务业开放已成为经济全球化背景下不可逆转的趋势。在第二届中国国际进口博览会（以下简称"进博会"）开幕式上的主旨演讲《开放合作 命运与共》中，习近平总书记强调"各国要以更加开放的心态和举措，共建开放合作、开放创新、开放共享的世界经济"。服务业开放程度相对较低是对外开放的一块短板，而服务业的竞争力又是衡量一个国家国际竞争力和综合国力的一个非常重要的指标。扩大服务业对外开放显然是新一轮更高层次的对外开放中，发展壮大服务业、增强服务业的竞争力以提升综合国力及中国在世界经济体系中话语权的必要途径（杨长湧，2015）。

当前，随着服务业的快速发展，服务业已经成为拉动经济增长的重要动力。进入 21 世纪以来，服务贸易领域蓬勃发展，增长趋势超过了商品贸易。"服务立国"一直是发达国家所推崇的发展方式。在发达经济体中，服务业约占 GDP 的 70%，相比于 1950 年的 40%，贡献占比增长了将近 1 倍。2019年底，中国服务业占 GDP 比重为 53.9%，这个比重相较于大多数发达国家仍然有一定差距，从经济发展势头与市场规模来看，我国的服务业具有很大的发展空间。进一步提高服务业的经济贡献体量是应对我国当下经济增长下行压力不可忽视的举措。

改革开放以来，我国服务业发展主要经历了两个时期：一是恢复性高速增长阶段，二是结构转型阶段。自 2007 年 3 月国务院发布《关于加快发展服务业的若干意见》以来，服务业的发展受到了较为广泛的关注，并不断取得进展。据中华人民共和国商务部统计，2018 年服务出口增速创八年来新高，全年服务出口同比增长 14.6%，创造 2011 年以来的出口最高增速，达到 17658 亿元；进口增长 10%，达到 34744 亿元。总体来说，进出口的规模仍然保持在世界第二位。我国服务贸易发展稳中有进，但与发达国家相比，我国服务贸易占 GDP 的总比重依旧相对较低，服务业发展水平低于全球平均水平。此外，我国东部地区进出口规模不断扩大。东部沿海 11 个省市服务进出口总和达到 45038 亿元，占全国的 4/5 以上。中西部地区服务进出口总计 6952 亿元，占全国比重为 13.4%。① 由此可见，服务贸易发展区域相对集中且依旧不平衡（朱平芳等，2019）。此外，服务业的发展速度不能单单以"量"的增长即规模优势来判别，更重要的是实现"质"的飞跃即产业内部结构的转型升级，以及协调、平衡和可持续发展。当前我国经济处于内忧外患的境地，尽管服务贸易发展速度极快但贸易逆差加速恶化，竞争力不突出，整体处于劣势（赵静，2019），这迫切需要中国将其发展模式从规模速度型粗放增长转向质量效率型集约增长，从要素投资驱动转向创新发展驱动。在全球经济进入深度调整期，同时我国服务业进入结构转型期的重要阶段，优化制度环境，实现产业结构转型升级，推动服务贸易的高质量健康发展，打造扩大服务业开放新高地至关重要。

在深化服务业改革与促进服务贸易发展的国家顶层设计层面，《中共中央　国务院关于开展质量提升行动的指导意见》提出了"服务业提质增效"的总体目标。2018 年，《国务院关于积极有效利用外资推动经济高质量发展若干措施的通知》和《国务院关于支持自由贸易试验区深化改革创新若干措施的通知》指出，要通过取消或放宽服务贸易各个领域的外资准入限制，持续推进服务业开放，以及借鉴北京市服务业扩大开放综合试点的经验，营造优良的投资环境。2019 年，习近平总书记出席第二届中国国际进口博览会开

---

① 根据商务部网站数据得出。

幕式并发表重要讲话，指出进博会一年来开放措施已基本落实，强调要继续扩大市场开放，完善开放格局，优化营商环境，推进共建"一带一路"高质量发展。2020 年 8 月，国务院正式批复同意在 28 个省、市（区域）全面深化服务贸易创新发展试点。2021 年 10 月，商务部等 24 部门联合印发《"十四五"服务贸易发展规划》，明确了服务贸易"十四五"时期发展的目标，并对 2035 年远景目标进行了展望，提出深化改革开放、加快数字化进程、优化行业结构、完善区域布局、壮大市场主体、深化对外合作六项重点任务。

（3）河南省服务贸易的发展概况。

河南省作为中国人口大省和支撑中部地区崛起战略实施的重要经济板块，改革开放 40 余年来，其经济与社会发展出现了巨大变化，产业结构不断优化升级，尤其是以服务业为主的第三产业发展变化巨大，服务贸易高质量发展水平显著提高。河南省作为陆上交通运输的重要枢纽，因其自身的交通网络优势（张珂珂，2017），成为首个纳入国家战略的航空港经济发展先行区，以其物流业发展促进了服务业的发展。2019 年，河南省 GDP 总额达 5.4 万亿元，增速 7.0%，经济总量继续稳居全国第五，其中第三产业增加值增长 7.4%，第三产业在 2013~2019 年年均增长率近 10%，第三产业 GDP 占比逼近第二产业。2022 年，河南省 GDP 为 6.1 万亿元，比上年增长 3.1%，其中第三产业增加值 3 万亿元，增长 2.0%。三次产业结构为 9.5∶41.5∶49.0。据 2019 年河南省商务会议报告，2018 年全省服务贸易超 80 亿美元，其中服务出口超 14 亿美元，增长 48% 以上，服务外包接包合同执行额 8.7 亿美元，增长 153.5%，其中离岸外包执行额 2.7 亿美元，增长 213.6%。河南地处内陆，不沿边、不靠海，近年来充分结合其交通区位优势，为着力打造内陆开放高地这一目标而不断创新发展。将继续推进交通枢纽建设作为切入点，打造国际航空物流中心作为突破口，建立郑州航空经济综合实验区作为开放平台，积极融入国家"一带一路"建设，形成了"网上丝绸之路""空中丝绸之路""陆上丝绸之路"和"海上丝绸之路"四路协同并进的开放格局。2018年河南对"一带一路"沿线国家进出口增长23%，实际吸收沿线国家投资增长24.5%。另据商务部统计，"十三五"时期河南省服务贸易额达2804亿元，稳居中部六省第2位。2021年，全省服务贸易额394.04亿元，继续保持中部六省第2位，其中出口148.35亿元，同比增长58.66%；承接离岸服务外包合同额41.28亿元，同比增长108.8%；服务外包离岸执行额20亿元，同比增长44.57%。河南运输、建筑等传统服务贸易平稳增长，电信计算机和信息服务、其他商业服务等知识密集型服务贸易较快增长，成为服务贸易增长的主要推动力。2021年，河南电信、计算机和信息服务、知识产权等知识密集型服务业同比增长22.6%，知识密集型服务贸易占全省服务贸易额的比重较2020年增加2个百分点。国家外汇管理局河南省分局的数据显示，2021年，河南省服务贸易涉外收支总额23.18亿美元，同比增长35.56%，其中以技术服务、航空运输和经营性租赁等高附加值为代表的创新型服务贸易涉外收支6.35亿美元，占比27.39%，同比增长118.15%。

"一带一路"倡议的提出为河南省经济的优化转型及贸易高质量发展提供了很好的契机。"一带一路"倡议提出：扩大服务业相互开放，建立健全服务贸易促进体系，探索新的投资合作模式，对于传统服务贸易继续巩固，对于现代服务贸易大力发展。支持通过合作方式来建立经济贸易合作区，加快产业集聚的步伐，结合投资与贸易的发展关系，有机地将两者结合起来，以投资为主力从而带动贸易的发展。促进了各国之间的投资与贸易发展，有利于各国家或地区相互合作、优势互补以实现共同繁荣。2019年河南对"一带一路"沿线国家进出口增长14.6%。2022年，河南对"一带一路"倡议参与国进出口2228.9亿元，增长23%，增速提升7.4个百分点，占26.1%，占比较 2021 年提升 3.9 个百分点。河南对 RCEP 成员国进出口 2552.2 亿元，同比增长 15.9%，占比升至 29.9%。然而，依据国际公认标准，当服务业增加值占 GDP 比重超过 60% 时才进入服务型经济发展阶段。世界银行 2013 年的统计显示，高收入国家服务业比重平均为 72.5%，中等收入国家平均为 53%，而低收入国家平均为 46.1%。由此可见，与发达国家或地区相比，河南省产业结构依旧较为落后，服务贸易规模、结构和附加值依旧优势不足。

总之，随着"一带一路"建设朝着纵深方向持续推进，加快服务业扩大开放，缩小服务业增加值及固定投资占 GDP 比例与全球平均水平的差距，打造服务贸易创新发展高地既是河南省推动外贸转型发展和助力产业升级的关键抓手，也是河南省经济高质量发展的内在要求和构建全面开放新格局的重要内容。对河南省而言，如何借力"一带一路"建设契机，抓住沿线各国的资源禀赋，顺应经济发展新趋势，"取其精华，去其糟粕"，借鉴发达国家和发达地区做大做强服务贸易的有益经验，对标世界高水准对外开放与国际服务贸易规则，精准而深入地嵌入国际服务贸易产业链；如何通过改革创新提升河南省服务贸易的国际竞争优势以加快建设贸易强省；如何利用自身市场规模引资外商为服务业发展注入更大的活力；如何通过改革倒逼河南省服务业扩大开放为提升我国在全球经贸体系中的影响力和话语权贡献一分力量，这些都是亟待解决的重大问题。

1.1.2　研究意义

服务业的竞争力是衡量一个国家国际竞争力和综合国力的重要指标。扩大服务业对外开放显然是新一轮更高层次的对外开放中，发展壮大服务业、增强服务业的竞争力以提升综合国力及中国在世界经济体系中的话语权的必要途径（杨长湧，2015）。

全球范围内服务业的快速发展已经成为拉动经济增长的重要动力。相较于大多数发达国家，我国的服务业具有很大的发展空间。随着服务业成为国民经济增长的坚实支撑和动力源泉，扩大服务业的对外开放成为优化服务业的产业结构转型、提高其竞争力及质量发展、缓解就业压力的必要途径。研究"一带一路"背景下河南服务业扩大开放发展问题具有重要的理论意义与实践意义，表现在以下五个方面：

第一，可以丰富已有相关文献的理论研究成果。目前，随着"服务经济"的到来，现有文献虽已较多关注服务贸易，但个案研究与单因素研究较多，且从结构视角综合动态与静态因素研究省域服务贸易发展问题的文献也十分有限。本书将从服务产业的功能性结构、需求性结构和区域性结构三个维度结合定性与定量研究方法综合分析河南省服务贸易的特征、问题及其对经济的影响机制。同时，通过构建结构性分析的理论框架，可以为服务贸易发展模式评估、路径研究提供更具系统性的研究范式。

第二，可以为河南省全面建成小康社会和打造内陆开放新高地注入活力。全面小康不仅是一个经济发展水平的概念，更是一个结构优化与均衡协调发展的概念。解决货物贸易与服务贸易发展长期失衡问题，优先发展服务贸易，平衡服务贸易产业内部结构，提升服务贸易竞争力，提高人口素质结构，推动服务业集聚区建设，着力推动服务贸易高质量发展是推动河南省加快贸易强省建设和实现经济高质量发展的重要举措，也是顺应经济发展新趋势解决人民日益增长的美好生活需要和不平衡不充分发展之间矛盾的必然要求。

第三，可以为河南省服务贸易的供给侧结构性改革提供支撑。当前，全球贸易保护主义蔓延，世界经济复苏的不确定性因素骤然增加，中国以及河南省面临的内外部环境错综复杂。然而，产业迭代升级的趋势不可逆转，加快推进服务业扩大开放既是世界发展的大势，也是新一轮高水平对外开放的重心，更是深度融入经济全球化进程和提升全球价值链地位的重要途径。因此，紧紧把握服务业扩大开放这一政策风口，加快实施服务贸易的供给侧结构性改革，促进特色优势产业及战略性新兴产业的发展。大力发展人才密集型、知识和技术密集型的现代服务业与服务贸易，加大服务业创新研发投入，发挥中原经济区的作用与"一带一路"沿线优势互补，打造一批"信誉好、高规模、大品牌"的企业，提高服务业出口产品档次和附加值，形成深植本地、辐射全国、面向全球的贸易网络，积极培育彰显服务贸易竞争力的新优势，形成具有国际影响力的河南省服务品牌，推动产业集聚区提质、转型优化升级、增强其创新力，对提升"河南服务"的国际竞争力、影响力、吸引力和带动力具有深远意义。

第四，可以为河南省有关部门制定外贸政策与产业政策提供重要参考。研究服务贸易的演进规律及发展现状与实际问题，从理论角度探究服务贸易与货物贸易的协同效应，揭示服务贸易促进产业结构升级、产业布局优化调整与技术进步的机制，总结国内外服务业对外开放的有益经验，提出促进服务业扩大开放与创新发展的有效建议，将为河南省政府相关部门提供重要的理论参考与技术支持，为推进服务业扩大开放与河南省发展重大战略决策实现协同创新提供思路，使对外开放与对内改革充分结合。

第五，可以为河南省更好地适应经济发展新常态，打造贸易强省提供路径。研究扩大服务业的对外开放，从市场准入、平台建设、要素支持、营商环境、供给侧结构性改革和产业融合等方面有针对性地对河南省服务业对外开放与可持续发展提出政策建议，有利于缓解河南省就业压力与实现社会稳定，破解新常态下高质量发展瓶颈，实现河南服务贸易跨越式发展，推动先进制造业和现代服务业深度融合，增强对外贸易的内生动力，防范和化解对外贸易的市场性风险，对河南经济社会改革发展有一定的实际价值。

1.2 文献综述

随着服务业和服务贸易的快速发展，服务业扩大开放问题已经开始受到国内外各界的广泛关注，有关学者对此进行了深入的理论与实证研究。在关于服务业扩大开放对经济增长的作用方面，目前国内外学者已经对这方面进行了丰富的研究并形成了一些一致的观点。在这些观点中我们可以从宏观和微观两个方面进行梳理。从宏观层面来看，市场开放会促进经济增长，在不断扩大开放的同时，服务贸易自由化随之而来并促进单行业内部至多行业间到整个社会劳动生产率的提高，从而拉动经济发展（Markusen，1989）。从国民经济结构和现代化来看，孙昌岳（2019）指出未来关注的目光将会放在服务业扩大开放上，并且将重点关注其对于中国经济结构和对外贸易的影响。我国服务业开放取得的积极进展表现为我国国民经济结构的调整和现代化（李钢、李俊，2015）。另外，在一定的市场条件中，开放型经济推动了该国家和地区在行业价值链中向高端演化，同时居民的生活水平与福利水平随之提高（裴长洪、彭磊，2006），其中除表现为直接提升服务贸易量的短期效应外，还有带动其他产业与经济发展的长期效应，促进货物贸易的增长，促进要素生产率和企业生产率的提升，促进经济增长和发展及增加国民就业和社会整体福利等都是随之而来的益处（鲍晓华、陈伟智和高磊，2013）。由于服务业本身的发展就可以带来不同的价值，国民经济的带动和支撑作用为服务业带来了良好的经济效应和社会效应。虽然扩大服务业开放将加大服务市场的竞争力，但是经营状况欠佳、竞争力较差的一些服务企业甚至可能会因此被市场淘汰或效益出现大幅下滑。但就整体而言，扩大服务业开放对我国服务业和国民经济发展的积极影响要远大于负面影响（来有为、陈红娜，2017）。其中，文化服务业既可以直接创造价值还可以满足人民群众的精神需求（夏杰长，2019），有利于充分发挥知识产权创造、运用、保护和管理的作用，提高创新效益，推动经济高质量发展是有着"催化剂"和"助推器"之称的知识产权服务业（刘菊芳，2018）。改革服务业国内规制、降低和削减服务贸易和投资壁垒以促进服务要素自由流动的过程是中国服务业开放的过程（樊瑛，2012）。在探讨服务贸易与服务业的关系时，服务贸易的扩大开放伴随着服务业的扩大开放。王小玲（2019）认为高水平的服务业在促进经济增长、拉动就业和优化产业结构方面发挥了积极作用（樊瑛，2012），而服务业的对外开放程度往往是由政策（Markusen and Schrock，2009）与市场两方面共同决定的。樊瑛（2012）指出国内经济发展水平、服务业国际竞争力水平、国内服务业市场化程度、国内各地区服务业发展水平以及中央政府和地方政府对服务业的宏观调控能力等因素直接决定了服务业开放的步伐。

另外，也有部分学者持有不同的观点，认为服务业开放水平提高的重要因素是外商直接投资的增长，大量的流动资本会替代服务贸易从而使本国服务贸易陷入困境。同时，服务业资本的频繁流动对本国的服务贸易具有替代性（Antras and Helpman，2004；Larch and Lechthaler，2011）。针对外资进入服务业的研究，经典的鲍莫尔-富克斯假说（Baumol-Fuchs Hypothesis）基于两部门非均衡增长模型阐述了服务业劳动生产率增长滞后对就业增长的解释后，研究的中心转向服务业发展的就业效应与服务业开放的就业效应，并逐步展开。国内学者薛敬孝和韩燕（2006）的早期研究，利用1992~2003年中国服务业数据检验了服务业 FDI 流入对东道国的就业创造效应和替代效应，并认为服务业 FDI 对我国就业数量的拉动不大，但是就业质量有显著的改善。随着服务业的开放，国内服务业发展速度会加快。但服务业外资规模的扩大对我国的服务业技术并无明显的促进作用，尤其是在高端服务业和生产性服务业领域，外资比例的扩大对我国服务业的技术溢出效应并不明显，且可能对我国产业安全形成威胁（霍建国，2014）。

已有的研究表明外资的进入对资金流动、就业及服务业技术会产生不同的影响。李钢、郝治军和聂平香（2015）则指出服务业的开放不是由外商直接投资这一单一指标来衡量的，对外开放是多方面的。但是现有文献对其他方面的研究还有所欠缺，所以外资的进入并不只是服务业扩大开放的唯一指标，在研究这一问题时仍然需要考虑多指标去衡量服务业扩大开放带来的影响。在此形势下，大多行业主管部门都选择慎重对待服务业的开放，尤其是在金融、电信等重要领域。

随着服务业的扩大开放，服务贸易的竞争力也是综合国力的重要指标（赵静，2019）。扩大服务业的开放，深化服务领域的改革，也是我国为持续提升服务业国际竞争力的必然选择（李俊，2018）。2014 年 8 月国务院出台的《关于加快发展生产性服务业促进产业结构调整升级的指导意见》明确指出，我国应进一步扩大开放来促进生产性服务业发展，提升出口竞争力。李钢、郝治军和聂平香（2015）认为，服务业的扩大开放，有利于加快培育服务贸易国际竞争新优势。从这个角度来说，服务业扩大开放不仅会对服务贸易规模产生影响，对服务贸易竞争力也会产生不同的影响。

在服务贸易竞争力问题方面，学者们从多角度展开了研究，主要集中在服务业开放对服务贸易竞争力影响因素研究及服务业扩大开放与服务贸易竞争力两方面。在服务贸易竞争力影响因素方面，Cooper（1984）认为影响服务贸易竞争力的重要因素是各国家的比较优势，贾晶（2011）关注我国的服务贸易结构、服务贸易竞争性和互补性并与英国、美国和德国等发达国家进行对比，通过定性分析进一步提出通过开放服务业、提升外资利用水平等手段来提升我国的服务贸易竞争力，认为国家各自的比较优势是影响服务贸易竞争力的重要因素。何骏（2013）在研究服务贸易竞争力评价时通过对全球23个服务贸易国家2001~2012年的面板数据进行实证分析发现，服务业的聚集会显著地提高服务贸易竞争力的水平。Tolson（1990）则从不同国家不同要素禀赋结构的角度对各个国家在贸易竞争力中的优势进行研究，发现不同的要素禀赋结构对服务贸易竞争力也会产生一定的影响。已有研究也认为先进的科学技术会影响服务贸易竞争力（Tripoli et al.，2005）。赵静（2019）应用钻石模型理论，基于影响服务贸易竞争力因素的视角，探究不同区域服务贸易竞争力大小的影响因素，在构建影响指标时将生产要素、需求条件、相关支持产业、企业战略结构因素和政府等因素纳入了评价体系，最后提出了提升我国服务贸易竞争力的路径。来有为、陈红娜（2017）在分析我国服务贸易竞争力较低的原因时认为开放程度是关键，提高我国服务业发展质量和国际竞争力的重要战略举措就是扩大开放，同时指出扩大开放也是影响服务贸易竞争力的因素。

在服务业扩大开放与服务贸易竞争力的关系方面，李文勇（2019）在研究服务贸易创新发展与服务贸易扩大开放思路时提出，在开放服务业的同时，需要尽量避免服务业开放所带来的风险，这也是当前服务业扩大开放所面临的问题，从这一观点中可以看出，服务业的扩大开放是把"双刃剑"，不仅会带来益处，同时也会带来一些风险。同样，服务业的扩大开放对于服务贸易竞争力的影响也是既有积极的也有消极的。多数学者认为服务业的发展程度与贸易竞争力正向相关，而一国的服务业开放程度往往也决定了该国服务业发展的状况（Markusen，1989）。姚战琪（2015）在探究我国加入世界贸易组织后服务业的开放度时指出，我国的服务贸易竞争力在国际上是比较弱的，应该扩大开放服务业的发展，不断提升我国的服务贸易竞争力。这些观点都认为服务业的扩大开放对服务贸易竞争力的提升起积极作用。然而，庄惠明、黄建忠和陈洁（2009）通过实证分析发现服务贸易竞争力并没有随着服务业开放有显著的提升。还有一些观点则认为，在服务业扩大开放的同时，外商投资规模不断增大，随着外商直接投资的规模达到一定程度时，这种正向效应有可能转化为负向效应（姚战琪，2015）。对此出现的三种不同的研究结果，一些学者认为研究服务贸易竞争力应该根据不同国家类型分别加以研究。大量的实践分析与理论研究均已经表明，国家或地区的服务业发展与其服务贸易有着密切联系（张为付，2006；何德旭、饶明，2007；李伍荣、杨雪玉，2008；王治、王耀中，2010），不同国家类型服务业的扩大开放对服务贸易竞争力的影响也是不同的。如宋加强、王强（2014）认为由于发展中国家本身服务业发展水平不高，过度的市场开放反而会降低服务贸易竞争力，而发达国家服务业基础较好，所以能够面对贸易自由化带来的挑战，因此服务业开放能够提升发达国家服务贸易竞争力。但也有学者持相反的观点，认为对于中国这类发展中国家而言，服务业的开放会带来国外先进的技术经验和资金，这些可以弥补发展中国家服务业发展过程中存在的不足，为发展中国家服务业发展提供更强大的动力（刘庆林、段晓宇，2016）。不仅是不同的国家类型，不同服务部门对服务贸易出口竞争力的影响也同样存在差异性，金融业、保险业和信息业部门对服务贸易出口竞争力的影响比较明显且呈现正向相关性（张宝友、杨玉香和孟丽君，2017）。康增奎（2017）也表示金融服务行业的市场开放度和外资开放度的提升为金融服务竞争力的发展提供了很大机遇。所以，不同国家类型、不同行业分类都在一定程度上影响服务业扩大开放与服务贸易竞争力的关系，不能一概而论。还有一些学者则表示，在对服务业进行扩大开放时，除了考虑服务业和服务贸易开放的可承受能力以及竞争力，还要考虑国内改革发展对服务业开放需求的紧迫程度（李俊、郭周明，2013）。只有考虑到多因素对服务贸易竞争力的影响之后，服务业的扩大开放才可以做到服务贸易的公平竞争，从而才能进一步探究提升服务贸易竞争力的问题。不论服务业的扩大开放与服务贸易竞争力的关系如何，服务业开放并不是最终目的，最终目的是提高我国服务贸易的国际竞争力（叶辅清，2018）。

以上从服务业扩大开放对经济增长的作用、服务业扩大开放对服务贸易规模的影响以及服务业扩大开放对服务贸易竞争力的影响这三个不同的方面来进行梳理。下面梳理"一带一路"背景下服务贸易的发展与影响以及我国服务贸易发展存在的问题。在"一带一路"背景下，中国的服务贸易出现了新模式、新业态和新特征（王晓玲、孙悦，2015）。沿线国家对服务贸易的需求类别比较集中，"一带一路"倡议的实施，保护了区域中广大发展中国家和新兴经济体的利益，同时对于促进服务贸易的良性发展具有积极的作用（尚庆琛，2017），尤其是在促进市场开放和优化要素资源的配置以及互补服务贸易类型的结构方面都发展良好。宋晓东（2016）表示在这种背景下，虽然我国的服务贸易规模在不断地扩大，但是存在行业间服务贸易的竞争力差距大、服务业开放度不高等问题。在"一带一路"倡议的影响下，我国的服务贸易取得了非常好的成果，虽然其中也存在着一些问题，但利用这些问题进一步探究促进服务贸易发展的良好经验也是我们必须做的。河南省在这种大环境的影响下，也逐渐加快了促进服务贸易发展的步伐。2019年1月29日河南省政协十一届三次会议举行第二次全体会议听取委员大会发言时，有委员表示，我们要准备充分，抓住用好"一带一路"的机遇，国家"一带一路"建设的推进与发展将使河南省经济发展面临百年难逢的历史机遇，这也说明了河南省对于"一带一路"建设发展机遇的重视。在这种背景下，崔晨涛（2015）表示河南省位于我国中原地区，在区位、产业和影响力等方面比较有优势，利用这些优势可以积极拓展经济发展空间，有利于加快中原城市群建设；另外，在做好产业对接、适应临空经济发展和加快技术创新驱动方面可以进一步提升城市竞争力。目前已有的关于河南省服务贸易发展的研究主要是对河南省服务业发展现状的分析、服务业利用外商投资影响因素的实证分析。曹亚军（2018）表示，自改革开放以来，河南省的经济取得了显著的成绩，服务业在现在的大背景下也取得了快速的发展，虽然规模在不断地扩大，但是服务业还未成为河南省的主导产业，整体的比重仍然偏低。还有研究结果表示，影响河南省服务业利用 FDI 的重要因素是市场规模，未来发展中河南省应更注重整体经济水平的提升以更好地利用 FDI，从而进一步提升河南的经济发展水平（张永梅，2016）。

从目前已有的相关文献研究来看，随着"一带一路"建设的纵深发展以及河南省产业结构的持续优化升级，河南省服务贸易已经进入了加速开放和内涵发展的新阶段。河南省不同地区与行业的发展存在差异，由前人的研究可知，地区差异会影响区域的服务业开放程度，因此必须学习发达国家或地区服务业扩大开放的经验，迫切需要对本省的服务业扩大开放做到政策精准定位、规划适度前瞻，合理构建激励相容、多方受益的服务贸易开放路径与模式，为河南省推动服务贸易国际竞争力提升以及避免服务贸易所带来的挤出效应做好充足的理论研究准备。

1.3 研究内容与研究方法

1.3.1 研究对象

本书的核心研究对象是河南省服务贸易的发展问题。加快服务业改革，深化服务贸易发展，从长期来看不仅是实现产业转型升级的必然要求，也是缓解当前短期内货物贸易摩擦加剧、寻求外贸与经济可持续发展的客观要求。具体而言，本书的研究对象主要包括四个方面：一是从总量和结构视角分析河南省服务业开放的演变历史及发展环境；二是河南省服务业开放与经济增长和产业发展之间的关系；三是发达国家和地区实施服务业开放的经验借鉴；四是促进河南省服务业扩大开放的政策建议。

1.3.2 主要目标

本书研究的主要目标包括三个方面：第一，从理论与实践两个方面阐释服务业扩大开放的内涵、特征、理论机制和实践经验，明确河南省服务贸易可持续发展的内外部环境；第二，构建适用于测度河南省服务贸易发展经济效应的计量模型，识别出其作用机理；第三，结合定性与定量分析的结论及国内外代表性国家或地区的成功经验，为"一带一路"背景下河南省服务业扩大开放提出可行的政策建议。

1.3.3 总体框架

从总体上看，本书主要包括五个方面的研究内容：一是服务贸易发展的理论基础研究，即从理论视角出发，深入分析服务贸易的内涵、特点、分类、影响因素和相关理论，揭示出服务贸易促进经济增长的机制；二是河南省服务贸易的发展历史与现状分析，即分别从总量和结构两个维度阐释河南省服务贸易的历史变迁，并通过横向对比说明其服务贸易发展存在的问题，探究服务业对外开放的微观与宏观环境；三是河南省服务贸易发展的经济效应研究，即运用协整模型定量研究经济增长中的服务贸易与货物贸易协同效应，基于贸易内生技术进步模型、结构变化效应原理、灰靶理论探究服务贸易的产业升级效应，利用数据包络分析和随机前沿分析测度服务贸易的技术效率；四是国内外服务业扩大开放的经验与启示，即选择美国、英国、法国、日本、韩国、德国以及中国北京、上海、广东、天津等作为典型研究案例，归纳总结其服务业扩大开放的特点与模式；五是促进河南服务业扩大开放的政策建议，即从加强市场准入负面清单管理、扩大外资市场准入领域、推动产业安全有序开放、完善引资平台载体建设、强化利用外资要素支持、优化营商环境建设、深化供给侧结构性改革、促进两业深度融合、结合引进来与走出去，嫁接开放型经济与服务业等方面提出促进服务贸易高质量多元化发展、提升服务业标准化水平，培育服务贸易新增长点，打造"多层次、宽领域、高水平"的服务业对外开放格局，建设贸易强省的政策建议。

本书将以习近平新时代中国特色社会主义思想为指导，以发展经济学和计量经济学理论为依据开展研究。

本书所运用的研究方法有以下三种：

（1）理论分析与实证分析相结合。

本书通过文献分析提炼出经济全球化趋势下的全球贸易状况、中国贸易状况、河南省贸易状况，服务贸易的内涵、特点、分类、影响因素及服务贸易促进经济增长的理论机制，扩大服务业对外开放的必要性，同时也对河南省服务业扩大开放的现实情况与协同效应、产业升级效应和技术效率进行实证性分析，理论分析与实证分析的综合运用可以为研究提供科学的理论逻辑与经验证据。

（2）归纳分析与演绎分析相结合。

本书通过借鉴发达国家和地区扩大服务业开放的宝贵经验，总结归纳出服务贸易提质增效、产业结构优化转型升级的关键要点，如经济体制、投资管理制度、营商环境及专业领域国际化人才的培养，再结合河南省服务业扩大开放的总体目标和资源条件推演出促进服务贸易做大做强的具体路径。

（3）纵向时序分析与横向比较分析相结合。

本书一方面将对河南省服务贸易发展的总体性、结构性情况及宏观环境变迁从时间序列维度进行研究，另一方面也将通过截面对比分析说明省域范围内不同地区之间以及省域经济之间的发展差异性，以此定位河南省服务贸易的薄弱环节。

1.4 主要创新

第一，研究视角的新颖性。以往的研究大都是从服务业对外开放的某一个方面（如开放水平测度等）出发探究其促进产业结构升级的机理，而本书将从服务产业的功能性结构、需求性结构和区域性结构三个维度结合定性与定量研究方法综合分析河南省服务贸易的特征、问题及其对经济的影响机制。同时，通过构建结构性分析的理论框架，可以为服务贸易发展模式评估提供更具系统性的研究范式。

第二，研究方法的科学性。以往的研究多从总量或单一维度对服务贸易问题开展理论与实证研究，本书将通过总量与结构、静态与动态的综合性建模分析，定量化研究服务贸易与货物贸易的协同效应、服务贸易的产业升级效应、服务贸易的技术效率。

第三，模式识别的系统性。本书将从服务贸易的多维分类结构出发，利用灰色系统理论中的灰靶理论来对服务贸易发展的模式优劣度进行评估，进而为识别服务贸易发展质量提供可行的分析框架。

第四，经验借鉴的前瞻性。本书将总结发达国家服务业扩大开放和发达地区服务贸易创新发展试点的宝贵经验，并在综合考虑河南省客观实情的基础上探索适应本省服务业扩大开放的道路。

2　服务贸易的概念界定及其与经济增长的关系

2.1　服务业与服务贸易

服务业，指利用设备、工具、场所、信息或技能为社会提供服务的业务，包括代理业、旅店业、饮食业、旅游业、仓储业、租赁业、广告业和其他服务业。一般认为服务业即指生产和销售服务产品的生产部门和企业的集合。在我国国民经济核算实际工作中，将服务业视同为第三产业，即将服务业定义为除农业、工业之外的其他所有产业部门。

全球范围内服务业的快速发展已经成为拉动经济增长的重要动力。进入21世纪以来，服务贸易领域蓬勃发展，增长趋势超过了商品贸易。"服务立国"一直是发达国家所推崇的发展方式。按照我国的经济发展势头与市场规模来看，我国的服务业具有很大的发展空间。进一步提高服务业的经济贡献体量，是应对我国当下经济增长下行压力不可忽视的举措。目前的发展局势已经证明，在很多国家的经济结构中服务业已经占据了主导地位，并且在全球经济中发挥着更大的作用。许多因素推动了这一转变，包括消费、自由化和投资等，但起决定性作用的是技术进步。

服务业的全球化不仅会实现贸易本身的大幅扩张，而且会通过运输、物流和信息技术以及金融、医疗卫生和教育，成为贸易、发展和经济增长的重要推动力量。生产并且出口高效、廉价和创新的服务，这种能力一旦具备将成为实现发展的关键因素。同时，服务业全球化还有助于创造一个真正全球化的技能、专长和知识的市场，而不用考虑地理位置或距离的限制。如果制造业的全球化为货物贸易创造了公平的竞争环境，服务业的全球化则可以为人类创造一个公平的竞争环境。

据商务部数据显示，2020 年上半年，我国服务贸易总额达到 22272.8 亿元人民币，同比下降 14.7%。其中，出口 9127.9 亿元，下降 2.2%；进口 13144.9 亿元，下降 21.7%，逆差 4017 亿元，下降 46.1%。主要呈现服务贸易在对外贸易中的占比提高、服务贸易逆差继续收窄以及知识密集型服务表现抢眼三个特点。同货物贸易一样，服务贸易可以促进更有效的资源分配，形成更大的规模经济，为消费者和生产者提供更多种类的服务。同时，生产效率更高的服务企业将得以扩张和进一步发展。不同经济体之间的技术和知识转移也可能产生有利的外溢效应。服务贸易可以通过多种渠道决定企业竞争力。产生这种影响的一个重要而直接的渠道是服务贸易对服务企业生产率的积极影响。服务贸易的开放带来了进口竞争，并提高了企业生产效率，因此服务贸易对企业生产效率产生了积极影响。除此之外，服务贸易还可以通过提高制造企业的生产率来提高企业竞争力。服务贸易的这种间接影响特别具有相关性，因为服务作为投入被广泛用于制造流程。服务贸易对企业竞争力的积极影响取决于制度的质量和进口国的监管环境，建立有利于投资和商业的经济环境可以增加服务贸易的积极影响。

得益于技术进步和贸易开放，服务贸易在过去几十年中迅速增长。随着技术的不断进步，未来可能会有越来越多的服务进行跨境交易（王爽，2018）。特别是随着服务的远程供应实现，服务提供者必须身处现场的限制得到消除，高技能工作可能会受到服务外包的影响。服务贸易对就业和工资的影响各不相同，两者似乎相互平衡，与货物贸易相比其影响不大。到目前为止的研究均认为服务贸易对就业影响有限，原因可能是通常只关注跨境服务贸易，而忽略了其他服务贸易提供模式。其他服务贸易提供模式在经济上很重要，如果在另一个国家有商业存在，它甚至比跨境贸易更重要。因此，一旦将境外消费、商业存在和个人作为服务提供者的临时移动包括在评估之内，就业的影响就有可能改变。上面所提到的，服务贸易对国民就业或工资水平的影响很小，但这并不一定意味着服务贸易在更细分的层面上没有实质性影响。例如，由于贸易密集型服务业往往集中在若干地方，服务贸易可能导致区域一级的明显差异。同样，服务贸易可能会增加对高技能工人的需求，而牺牲低技能工人的利益，许多服务行业需要比制造业或农业更高的技能。在这种情况下，对就业总体影响为零，将掩盖不同技能群体之间的明显差异。

未来的服务贸易和劳动力市场中，服务贸易对劳动力市场总体影响相对较小还有一个原因是，尽管服务业增长迅速，但服务贸易尤其是服务业的跨境交付，在贸易总额中仍只占很小的份额。到目前为止，大多数服务的贸易额仍然非常有限。同货物贸易一样，服务贸易将为社会创造福利收益，因为它能更有效地分配资源，增加消费者和生产者能够购买的各种服务类型，并使生产效率更高的服务公司得以扩张。一些服务部门如交通、电信和能源对整个经济的运作至关重要，而卫生、金融和教育等其他服务部门则影响基本生产要素的质量，这意味着增加服务贸易可以为全球经济带来巨大的收益。目前许多经济体服务贸易在跨境贸易中所占份额较低，凸显了这一潜力的重要性。

服务贸易使社会受益的一个重要途径是提高企业的竞争力，即提高企业在国际市场上的竞争能力。当服务贸易提高了服务业企业的生产率时，竞争力可能也直接提高。还有一种间接的好处是当服务被作为这些部门的投入广泛使用时，制造业企业和其他服务业企业的生产率就会提高。服务贸易提高企业竞争力也可以通过产品差异化，如将提供的服务与制成品捆绑在一起。服务贸易对企业竞争力的积极影响取决于进口国的制度质量。建立有利于投资和商业的经济环境可以增加服务贸易的积极效应，这凸显了在减少服务贸易壁垒的同时制定配套政策的重要性。

目前，服务贸易对劳动力市场的总体影响较小。大多数证据表明，总体就业和平均工资不受服务贸易的显著影响，也有一些研究认为具有积极的影响（张志明，2014）。目前有相关研究证实，不论是在发达国家还是在发展中国家，城市中拥有高技能的工人一般都是主要受益者。然而，这些影响的规模相对较小。服务贸易也可能使女性和中小微企业受益，一个原因是服务部门的就业比制造业或采矿业在性别上更加平等，另一个原因是某些贸易壁垒对服务业的影响较小，如获取融资。最后，技术进步有可能消除现有的服务跨境流动障碍，从而扩大服务贸易。这可能颠覆当前关于服务贸易在劳动力市场上所起作用较小的结论。

新机遇伴随着新挑战。服务贸易自由化，不仅要投入更多资源和关注，还需要开发新的谈判工具和方法。过去货物贸易自由化的谈判主要涉及关税，即双方相互交换市场准入的减让，而未涉及政策目标。未来服务贸易自由化的谈判，则会更多涉及监管合作，如制定共同标准、改善信息分享，或推进共同的政策目标。

2.2 服务贸易的特点与分类

得益于技术进步和贸易开放，服务贸易在过去的几十年中迅速增长。中国扩大对外开放和拓展发展空间是目前的发展方向，而加快发展服务贸易则是重要的着力点。党的十九大报告提出了一系列新的目标和任务，以促进贸易强国的建设和扩大服务业的开放。实证研究表明，服务贸易具有促进增长和促进发展的潜力（杨洪爱、殷为华，2019）。服务贸易具有如下特点：

（1）由于服务提供者必须经常身处提供服务的地区，因此进口国或地区的制度质量对于服务贸易比货物贸易更为重要。

服务机构在贸易进口中的作用越来越大，主要是因为服务提供者经常不得不在提供服务的地区设立机构，但这对商品贸易而言并不重要。因此，本地服务组织的质量将影响服务出口商在特定经济体系中的经营决定。如果决定开展业务，组织的质量也将影响贸易收入。

（2）服务业的重要性正在增加，不仅体现在贸易活动中，而且体现在劳动力市场中。

服务贸易已成为各种经济体出口结构的重要组成部分，提供了大量就业机会。例如，印度的ICT行业雇用了大约350万人。

（3）服务出口支持大量就业岗位，但就相关研究来说，就业水平和结构受服务贸易的影响十分微小。

随着服务贸易的价值增长，对于在服务贸易方面具有比较优势的国家来说，这意味着出口服务的企业就业机会越来越多。此外，服务贸易使公司能引入会计、信息技术服务等在内的整个业务职能。即使是低价值的项目也可通过自由职业平台进行交易，从而为不同国家的服务客户和供应商之间的交易提供了极大的便利。在全球范围内，服务业就业占总就业的比重正在上升。

但服务贸易在创造就业的同时，可能导致发达国家和发展中国家的不平等加剧。从发展中国家来看，许多服务业工作，特别是贸易密集型服务业工作比现有的农业或制造业工作需要更多的知识技能。这反映出许多服务部门对技能的要求也越来越高。从发达国家的角度来看，受服务进口影响的许多工作如簿记，与服务出口有关的工作（如销售或咨询）相比，技术密集型程度更低。

尽管，一些研究指出服务贸易对总就业和平均工资有积极影响，但与货物贸易相比大多数证据表明这种影响并不显著。一方面，由于国内劳动力被国外投入所替代，服务或货物的离岸外包可以减少对劳动力的需求。另一方面，进口可以降低成本和提高生产率，如果价格降低转化为对产出的更高需求，则会导致更高的劳动力需求。相反，服务贸易对劳动力构成的影响更大，一些研究表明发达国家和发展中国家的城市高技能工人通常是服务贸易的主要受益者。

（4）服务贸易的包容性很强。

服务贸易对国民就业或工资水平的影响很小，但这并不意味着服务贸易在更细分的层面上没有实质性影响。例如，由于贸易密集型服务业往往集中于若干地方，服务贸易可能导致区域一级的明显差异。同样，服务贸易可能增加高技能工人的需求，而牺牲低技能工人的利益。因此，服务业需要比制造业或农业更高的技能。在这种情况下，对于就业总体影响为零，将掩盖不同技能群体之间的明显差异（世界贸易组织，2019）。

（5）与服务的特性有关的政策壁垒和结构性壁垒，如身处现场的需求，将阻碍服务贸易的增长。

在没有互相认定的情况下，执业许可证可能导致跨国界提供服务无法实现。同样，在大多数国家工人临时移动的工作签证仍然受到限制。这些都将影响服务贸易规模和范围的扩大。

（6）服务贸易有助于减少妇女和中小微企业的经济不平等现象。

女性将从服务出口而非制造业出口中获益更多。一个原因是服务部门的就业比制造业或采矿业在性别上更加平等；另一个原因是某些贸易壁垒对服务业的影响较小。例如，获得融资对服务业中小微企业的影响小于制造业中小微企业，因为服务业的固定成本较低，如服务业对机械或工厂的投资需求就很低。因此，通过上述渠道得出服务贸易可以帮助减少不平等。

由于世界贸易组织对服务贸易的分类已被各国普遍接受，因此根据 WTO 统计和信息系统局按服务的部门（行业）划分，全世界的服务贸易分为以下12 大类：

（1）商业服务，指在商业活动中涉及的服务交换活动。

（2）通信服务，指有关信息产品操作、储存设备和软件功能等服务。

（3）建筑及相关工程服务，指工程建筑从设计、选址到施工的整个服务过程。

（4）分销服务，指产品销售过程中的服务交换。

（5）教育服务，指各国间高等、中等、初等、学前、继续教育及特殊教育和其他教育中的服务交往。

（6）环境服务，指污水处理服务、废物处理服务等。

（7）金融服务，指银行和保险业及相关金融服务活动。

（8）健康与社会服务，指医疗服务、其他与人类健康相关的服务、社会服务等。

（9）旅游与旅行相关的服务，指旅馆、饭店提供的住宿、餐饮等相关的服务、旅行社及导游服务等。

（10）娱乐、文化与体育服务，指不包括广播、电影、电视在内的一切文化、娱乐、新闻、体育服务。

（11）运输服务，指货物运输服务、船舶服务、客运服务、附属于交通运输的（包括报关、仓储及港口）服务等。

（12）其他服务。

2.3　服务贸易的影响因素

同货物贸易一样，服务贸易可以促进更有效的资源分配，形成更大的规模经济，为消费者和生产者提供更多种类的服务。同时，生产效率更高的服务企业将得以扩张和进一步发展。不同经济体之间的技术和知识转移也可能产生有利的外溢效应。服务贸易可以通过多种渠道决定企业竞争力。产生这种影响的一个重要而直接的渠道是服务贸易对服务企业生产率的积极影响。服务贸易的开放带来了进口竞争，并导致企业生产效率的提高，因此服务贸易对企业生产效率产生了积极影响。除此之外，服务贸易还可以通过提高制造企业的生产率来提高企业竞争力。服务贸易的这种间接影响特别具有相关性，因为服务作为投入被广泛用于制造流程。服务贸易对企业竞争力的积极影响取决于制度的质量和进口国或地区的监管环境，建立有利于投资和商业的经济环境可以增加服务贸易的积极影响。

技术发展和信息通信技术的普及降低了服务贸易成本，特别是通过跨境供应的方式。政府规制和贸易政策在确保政策一致性和促进服务贸易方面也发挥着至关重要的作用。高质量的实体和数字基础设施可以进一步降低贸易成本，并为数字服务贸易带来新的机遇。未来的服务贸易模式将取决于消费者的需求和各国或地区的专业化格局。除贸易成本外，数字技术、人口结构、经济增长和气候变化将是影响服务贸易的主要趋势。

（1）数字技术。

当前的服务经济时代，很大程度上要归功于数字技术的发展。随着服务跨境贸易的日益增长，国民经济出现了新的机遇。全球在数字等新兴技术层面的进步正在使服务贸易发展上升为更高更深的层次，同时也使服务贸易变得越来越重要。新技术还为微型、小型和中型企业参与服务贸易提供了便利，新技术不断发展、进步的环境变化同样也对促进服务贸易发展产生了积极的影响。在供给侧方面，数字化使行业进入成本大幅降低，从而提升了竞争性，促进了创新。在需求侧方面，数字化可以为消费者提供更多的商品类型。所有指标都表明，数字技术在未来将继续发展进步，人们预测影响服务贸易的上述趋势在未来也将继续发展。随着数字技术的发展，传统的提供方式正在被新的服务方式所取代。由于服务贸易成本下降，过去只能通过某个国家或地区内的当地商业提供的服务现在开始可以跨国提供。跨国或地区提供的专业服务正在增多，其他服务行业也将受益于数字化。新数字技术的出现可能会继续使更多的服务能够跨国或地区提供，包括以前那些必须面对面才能提供的服务。从传统来看，数字零售商通过服务匹配满足国际需求和供应，主要起到的是连接作用，但如今这些零售商也越来越多地提供辅助性的仓储、物流、电子支付、信贷和保险服务。除此之外，数字技术还将影响全球价值链的服务部分。服务是制造业的重要组成部分。无论是作为投入，还是作为企业内部的活动，或者作为捆绑销售的产出，制造业都越来越依从于服务业。服务业正在重新定义制造企业产生价值的方式。在数字时代，作为商业生态系统一部分的服务，创新和生产能力的关键是它与客户、商业伙伴和承包商的关系，所以数字技术未来将在全球价值链和服务贸易中发挥重要作用。

（2）人口结构。

影响服务贸易的发展因素就是人口结构。相关报告指出，到2050年，世界人口预计将达到98亿人，主要集中于发展中国家。相关调查数据显示，发达国家的低生育率和长寿命将导致人口老龄化（65岁及以上）和劳动力（20~64岁）的减少。而发展中国家的高生育率和低死亡率将导致所有年龄组的人口增长。到2050年，发达国家65岁及以上年龄组将占总人口的27%，而发展中国家将仅占14.9%。这一人口结构变化将对全球服务的消费、生产和贸易模式产生重要影响。发达国家快速老龄化的人口很可能需要更多的医疗卫生服务，而发展中国家日益增长的年轻人口将需要更多的教育服务。全球人口结构的变化将主要通过两个渠道影响服务贸易：一是改变进口需求的水平；二是改变比较优势。目前已有的研究表明，人口的年龄结构对家庭总偏好的作用与收入一样重要，人口年龄结构在影响未来服务进口需求结构和专业化格局方面起着关键作用（王国中、赵丹，2009）。发达国家人口老龄化将需要更多的医疗卫生服务。发展中国家则是越来越多的青年人需要教育与数字服务。考虑到未来人口结构的重大变化，人口结构将是未来服务贸易需求构成的重要驱动力。

（3）经济增长。

还有一个影响因素就是经济的增长，具体体现在收入水平。尽管高收入国家和低收入国家之间仍存在较大的收入差距，但自21世纪初以来出现的一个关键变化是各国收入趋同。自2000年以来，发展中经济体的增速远远超过发达经济体，从而缩小了收入差距。收入水平决定了货物和服务需求的构成，同时也决定了对不同类型服务的需求。另外，收入增长背后的经济转型带来了生产结构的变化。随着人均收入的增加，服务业在国内生产总值和就业中的份额不断增长。技术密集型的服务需求有了增长后，会推动整体的服务贸易中技术密集型服务贸易的发展，进而提升服务贸易的竞争力。

（4）气候变化。

全球的气候变化已经对环境产生了可见的影响，包括海平面上升、极端天气、洪水、干旱等，这些事件也影响了经济，包括服务贸易。在这个影响因素下，气候变化将通过两个主要渠道影响国际贸易：各国的比较优势和贸易成本，特别是运输和分销成本（王衡，2012）。迄今为止，尽管在数据获得和模型设计方面有所进展，但是关于气候变化对服务贸易在内的国际贸易影响的定量评估均不全面，气候变化对服务业的影响可能对其他经济部门产生间接影响，进而可能影响服务贸易的供需。其中一个最大的挑战是以综合方式确定和评估气候变化的影响，以充分考虑诸多相互作用的复杂因素。

然而，气候变化不仅会通过商品和服务的供需变化直接影响服务部门，而且通过劳动生产率和投入品（包括能源和水供应）间接影响服务部门。此外，一些气候变化政策可能会影响服务的供给和需求。总体而言，气候变化对服务贸易的影响很可能取决于不同区域和行业的情况，具体取决于各国对气候相关事件的脆弱性和敏感性。比如旅游和娱乐服务，许多类型的旅游活动都与天气、气候有关。对于保险服务来说，天气风险过高且经济损失不太确定，气候保险市场的发展可能会受到阻碍。这些对于不同的服务业来说，会带来不同程度的影响。

总体来说，服务贸易的影响因素主要包括贸易成本、数字技术、人口结构、经济增长以及气候变化等方面。这些影响因素对服务贸易的各个方面有着不同程度的影响，服务贸易的数量、内容、方式以及参与的人在未来都将发生改变。

2.4 服务贸易发展与经济增长的关系

服务业已成为全球经济的支柱。从全球来看,服务业增加值占全球增加值的2/3。多数地区的服务业均高于农业、工业和自然资源部门之和。这些都证实了在促进经济增长扎根方面服务贸易的重大作用。《2019年世界贸易报告》指出,其主要表现在以下几点:

(1)服务贸易可以通过技术进步等重要驱动力促进服务生产率的提高,提升国内公司的竞争优势,并在技能、性别和经济活动地点方面提高包容性,帮助经济体实现更快的贸易增长。

同货物贸易一样,服务贸易将为社会创造福利收益。因为它更有效地分配了资源,增加了消费者和生产者能够购买的各种服务类型,并能使生产效率更高的服务公司得以扩张和进一步发展。不同经济体之间的技术和知识转移也可能产生有利的外溢效应。一个国家劳动力的生产率取决于他们的受教育程度、技能和健康情况,而这些属性主要取决于该国的教育卫生系统的质量。这些系统提供的服务质量越好,该国劳动力就越可能为经济增长作出更大贡献。

同货物贸易一样,服务贸易可以促进更有效的资源分配,形成更大的规模经济,为消费者和生产者提供更多种类的服务。服务贸易可以通过多种渠道决定企业竞争力。产生这种影响的一个重要而直接的渠道是服务贸易对服务企业生产率的积极影响。服务贸易的开放带来了进口竞争,并导致企业生产效率的提高,因此服务贸易对企业生产效率产生了积极影响。除此之外,服务贸易还可以通过提高制造企业的生产率来提高企业竞争力。服务贸易的这种间接影响特别具有相关性，因为服务作为投入被广泛用于制造流程。服务贸易对企业竞争力的积极影响取决于制度的质量和进口国的监管环境，建立有利于投资和商业的经济环境可以增加服务贸易的积极影响。通常认为服务业的生产率增长落后于制造业，但这一假设越来越受到质疑。制造业和服务业之间联系紧密，且随着时间的推移将变得更加紧密。大多数制造企业依靠服务投入来生产和出售其产品，或本身也在提供服务。另外，规模经济等一度被认为是制造业独有的特征，但随着信息通信技术的发展，一些服务部门能够开展跨国贸易，因此也开始具有制造业规模经济等特征。例如，技术创新与新的商业模式结合，改变了服务的性质结构。信息通信技术部门的发展，使规模经济在基于该技术的服务部门中变得更加重要，因为提供的额外单位边际成本几乎为零。另外，随着信息通信技术使服务业生产率提高，则可以减轻人们的忧虑。

（2）基础设施、教育、金融和卫生等服务部门的贸易增长，可以提高这些部门的效率，并可能给经济带来丰厚的回报。

据检验发达国家和发展中国家的标准增长方程发现，在金融服务自由化的情况下，发达国家经济增长将加快 1.2%，发展中国家将加快 2.3%。如果控制其他增长决定因素不变，那些金融（和电信）服务业完全开放的国家将比其他国家增长快 1.5%。

与金融服务相反，有学者发现电信服务的开放对低收入经济体的增长有促进作用，但随着人均收入的增加，这种影响会减弱。由于最贫穷国家有形资产的稀缺，开放电信服务部门经常能够吸引更多外国企业直接投资，因此开放电信市场有助于该部门的生产率增长。故电信自由化与国内生产总值增长率之间存在密切联系。

阿拉姆等（2016）使用向量误差修正模型，检验了外国直接投资与巴基斯坦国民健康之间的因果关系。他们发现，从长远来看贸易开放和外国直接投资都可以延长国民预期寿命，从而改善人口健康状况。阿里乌等（2019）的研究证明，削减任何一个部门（如服务）的贸易壁垒，将对其他部门的收益形成外溢效应，此外该研究还表明同时开放服务和货物部门所带来的收益大于分别开放单一部门所带来的效益。

（3）服务贸易通过允许国人获得更多的外国服务，能够提高经济效率并为经济带来可观收益。

据文献中的经验证据，金融服务、电信、运输和医疗保健等许多经济体和部门的开放程度有所提高，从而产生了许多积极成效。如低成本的优质服务和更高的产量效率及 GDP 增长率。通过扩大服务贸易而获得收益的不同国家发展的案例研究补充了其经验证据。研究表明，服务贸易对就业、工资和经济增长具有重大影响。

（4）通过更有效的资源配置、更大的规模经济以及提供更多类型的服务，服务贸易的增长能为社会创造更高的福利收益。

经济福利是指在对一个经济体生产的所有货物和服务的消费中获得的福利。在资源（土地、资本和劳动力）固定的情况下，有效地分配和提高这些资源的利用率，将提高产出和消费水平，经济福利也就会提高。据迟福林和匡贤明（2023）研究，服务贸易额占外贸总额比重的世界平均水平约为21.1%，其中我国 2021 年仅为 12.8%，低于发展中国家平均水平值 18% 和发达国家平均水平值 30%。然而，服务贸易增速却明显快于货物贸易。2010~2019 年，全球服务贸易额由 7.8 万亿美元增长至 11.9 万亿美元，年均名义增长 4.8%，是货物贸易增速的 2 倍，其中数字服务贸易快速发展；2005~2020 年，全球以数字技术传输的服务贸易规模由 1.2 万亿美元增长至 3.17 万亿美元，年均增长 6.7%。这些数据表明增强服务跨境贸易可以为许多国家带来巨大的潜在福利。虽然人均国内生产总值的变化与福利变化有所不同，但二者是密切相关的。一些服务贸易人均收入增幅较大的国家，如爱尔兰、卢森堡和马耳他，被认为是福利收益较大的国家。

《2019 年世界贸易报告》显示了服务贸易对许多经济体的经济福祉的积极贡献。使用可计算一般均衡（CGE）建模方法的文献表明，开放服务贸易可以带来 2%~7% 的收入，其中一些发展中国家和最不发达国家的收入最高。

（5）服务贸易和投资政策可在许多可持续发展目标的实现过程中发挥作用。

一般来说，服务可通过至少两个渠道为实现可持续发展目标做出贡献。一个渠道是经济增长，因为许多可持续发展目标的实现需要提高人均收入。鉴于大多数国家的服务业占国内生产总值的 2/3 或以上，提高人均收入就需要提高服务活动的生产率。另一个渠道更直接，与可持续发展目标相关的许多具体目标要求更好地获取服务或要求服务质量更高。实际上，许多可持续发展目标及具体目标都提到了具体的服务部门。

（6）服务贸易造福经济的重要途径是提高企业竞争力。

企业竞争力的不断增强具体可以从三个方面展现出来：第一，服务贸易带来的竞争提高了服务公司的生产率。第二，通过间接方法提高使用服务作为生产投入的制造公司和其他服务公司的生产率。第三，产品差异化还可以帮助提高竞争力，如通过捆绑制成品提供的服务。

服务既可以被用作制造过程的投入，也可以构成最终产品。服务贸易可以通过多种渠道决定企业竞争力。产生这种影响的一个重要而又直接的渠道是服务贸易对服务企业生产率的积极影响。参与服务贸易与企业生产率之间存在正相关关系。服务贸易的开放带来了进口竞争，并使企业生产效率提高，因此服务贸易对企业生产率产生了积极的正向影响。服务业的开放还将使技术从比较发达国家转移到不发达国家，从而提高生产率。

服务业企业在国际上的竞争力也部分取决于其成本效益，在纳入服务投入时更加明显。在服务生产的过程中，各种各样的服务被纳入其中。计量经济学证据表明，贸易成本较低的服务业（无论是进口还是出口），生产率及增长都比竞争对手更高。另外，一家企业的绩效取决于企业运营的整体服务环境的成本效益，即有关服务在生产过程中是否直接（如通过电力或通信成本）影响生产的边际成本，或间接地（通过教育、医疗或交通系统）影响企业在整个经济的竞争力。

服务贸易还可以通过提高制造业的生产效率来提高企业竞争力。而服务贸易对企业竞争力的积极影响取决于制度的质量和进口国的监管环境。因而，建立有利于投资和商业的经济环境可以增加服务贸易的积极影响。当一家企业决定是否将服务出口到某个特定国家或地区时，其进入市场的决策取决于进口市场的制度质量。如果质量低，可能会阻止企业进入该特定市场，从而形成制度对企业贸易决策的事前影响。一旦企业决定向某个特定国家出口，进口国的制度质量就决定了企业的盈利能力，因为这是需求的所在地和服务的执行地。

对于经济增长与服务贸易结构之间的互动关系，主要如下：

（1）服务贸易的进口能够提高相关产业的全要素生产率，从而促进该国经济的飞速发展。

传统服务贸易如旅游、运输等对企业生产效率的提高影响较小，而现代服务贸易如金融、保险等服务贸易的出口对全要素生产效率有积极正向影响。而我国服务贸易结构中，现代服务贸易所占比例还相对较小，因此要优化产业结构，推动知识及技术密集型产业加速发展以占据主流地位，从而促进我国经济飞速发展。

（2）新兴服务贸易出口份额的增加对经济增长起促进作用，经济增长也有利于新兴服务贸易的发展。

首先，经济增长可以很好地促进现代服务贸易增加出口份额。这表明随着中国经济的发展和贸易水平的不断提高，服务贸易的出口价值，特别是现代服务贸易的出口价值将相应增加。这是因为在经济发展到某个阶段之后，现代服务贸易行业相对于传统贸易行业的比较优势将变得更加明显，特别是在人力资本积累方面，现代服务具有独特的优势。其次，现代服务贸易出口份额的增长对经济增长起到了积极作用。这表明，中国服务贸易出口结构中现代服务贸易出口所占比重在不断提高，可以促进经济持续增长。这是因为现代服务贸易可以在资本积累、技术积累和人力资本培养方面促进经济发展。从长远来看，这种积极作用将越来越强。

（3）增加资源和资本密集型服务贸易的出口以及知识、技术密集型服务贸易的进口，可以促进经济更好地发展。

劳动密集型、资本密集型服务贸易出口与知识和技术密集型服务贸易进口的增加将促进中国的经济发展。其中，资本密集型服务贸易的出口对中国经济的影响占第一位，第二位是知识、技术密集型服务贸易的进口，资源、劳动密集型服务贸易的出口居最后一位。

3 河南省服务贸易发展情况的综合性分析

3.1 总体性分析

河南省位于中部地区，气候适宜，河南省以农、林、牧、渔业等农业生产为主，农业发展规模较大，农业在促进河南省经济初步发展中发挥了重要作用。随着生活生产工具的不断改进，中原地区的工业逐渐发展起来。2019年，河南省 GDP 总额达 5.4 万亿元，增速 7.0%，经济总量继续稳居全国第五，其中第三产业增加值增长 7.4%，第三产业在 2013~2019 年年均增长率近 10%，第三产业 GDP 占比逼近第二产业。据 2019 年河南省商务会议报告，2018 年全省服务贸易超 80 亿美元，其中服务收入超 14 亿美元，增长率超过30%，服务外包接包合同执行额为 8.7 亿美元，增长率为 153.5%，其中离岸外包执行额为 2.7 亿美元，增长率为 213.6%。

改革开放以来，河南省在对外贸易和吸引外资方面取得了长足的进步，但仍存在许多问题。2019年，河南省对外开放工作会议明确提出要立足当地实际，结合产业转型搞好研究谋划，坚定不移实施开放带动战略，以高水平开放促进高质量发展，在中部地区崛起中奋勇争先。开放型经济的发展主要体现在商品和服务贸易上。服务贸易作为促进经济发展的"新引擎"，其重要性已超过货物贸易。

从表3-1、图3-1可以看出，2001年河南省的服务贸易额为1.18亿美元，除2002年外逐年增加，到2008年之前河南省服务贸易发展较为缓慢，2010年河南省服务贸易收入支出总额仅为17.32亿美元，2011年在富士康强大的外包业务带动下，服务贸易收入支出总额高达19.76亿美元，比2010年服务贸易收入支出总额增加2.44亿美元，自2011年之后更是以两位数的速度增加，2016年收入支出总额是2007年的6倍，增长潜力和势头强劲。

表3-1　2001~2018年河南省服务贸易总体情况

年份	服务贸易总计（亿美元）	服务贸易收入（亿美元）	服务贸易支出（亿美元）	TSC指数
2001	1.18	0.51	0.67	-0.14
2002	1.07	0.33	0.75	-0.39
2003	1.42	0.30	1.12	-0.58
2004	2.00	0.38	1.62	-0.62
2005	2.75	0.91	1.83	-0.34
2006	3.54	1.38	2.16	-0.22
2007	7.46	3.03	4.43	-0.19
2008	11.55	3.61	7.94	-0.38
2009	12.34	2.85	9.50	-0.54
2010	17.32	5.66	11.66	-0.35
2011	19.76	4.52	15.24	-0.54
2012	23.78	5.05	18.73	-0.58

续表

年份	服务贸易总计（亿美元）	服务贸易收入（亿美元）	服务贸易支出（亿美元）	TSC 指数
2013	29.54	5.62	23.92	-0.62
2014	36.77	6.04	30.73	-0.67
2015	39.48	6.33	33.15	-0.68
2016	42.96	6.84	36.12	-0.68
2017	40.26	6.16	34.10	-0.69
2018	40.71	8.67	32.04	-0.57

资料来源：历年《河南统计年鉴》和《中国海关统计年鉴》。

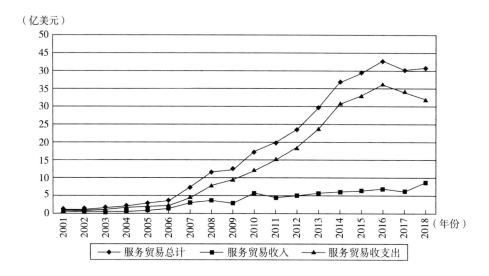

图 3-1　2001~2018 年河南省服务贸易总体情况

就货物贸易总额来说，河南省货物贸易总额近 20 年的数值一直大于服务贸易总额，但随着近年来的发展货物贸易总额与服务贸易总额的差距逐渐缩小。从表 3-2、图 3-2 可以看出，2001~2018 年河南省货物贸易总额总体上呈增长趋势，2009 年受 2008 年全球金融危机的影响货物贸易呈现负增长趋势，收入和支出也在近十年出现负增长，且增长率在 2009 年达到了-23.1%。

2010 年河南省经济恢复，同比增长达到了 32%。2011 年货物贸易总额增长达到了 83.1%，但是货物贸易收入总额比支出总额高出 58.38 亿美元①，创历史新高。但在 2016 年河南省货物贸易总额也出现骤然下跌的趋势，支出也出现负增长，达到-7.6%。2017 年之后河南省货物贸易总额逐渐回升，呈现出平稳上升的趋势。

表 3-2　2001~2018 年河南省货物贸易商品结构变化情况

年份	货物贸易总额		收入		支出	
	累计（亿美元）	同比（%）	累计（亿美元）	同比（%）	累计（亿美元）	同比（%）
2001	27.93	22.8	17.15	14.8	10.77	37.8
2002	32.04	14.7	21.19	23.5	10.85	0.7
2003	47.16	47.2	29.80	40.7	17.36	60.0
2004	66.13	40.2	41.76	40.1	24.37	40.4
2005	77.33	16.9	51.01	22.1	26.32	8.0
2006	98.57	27.5	66.99	31.3	31.58	20.0
2007	128.09	30.7	83.95	24.5	44.14	38.1
2008	175.28	37.1	107.14	27.9	68.14	54.5
2009	134.38	-23.1	73.46	-31.5	60.92	-9.9
2010	177.92	32.0	105.34	43.4	72.57	18.4
2011	326.42	83.1	192.40	82.7	134.02	152.6
2012	517.50	58.6	296.78	54.3	220.72	64.9
2013	599.51	15.9	359.92	21.3	239.59	8.6
2014	650.33	8.5	393.84	9.4	256.49	7.0
2015	738.36	13.6	430.66	9.4	307.69	20.2
2016	712.26	-3.5	428.34	-0.5	283.92	-7.6
2017	776.13	8.9	470.29	9.7	305.84	7.6
2018	828.19	6.7	537.67	14.3	290.52	-5.1

资料来源：河南省商务公共服务云平台。

---

① 按照外汇管理局数据的统一口径将贸易出口定为收入，进口定为支出。

（亿美元）

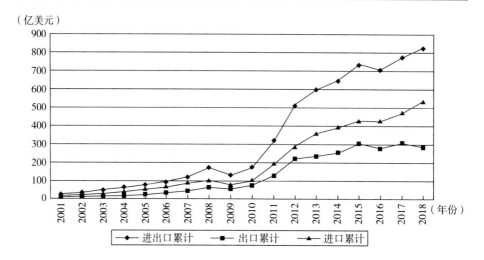

图 3-2　2001~2018 年河南省货物贸易商品结构变化

服务贸易的发展受经济波动的影响很大，并且影响服务贸易逆差的原因之一就包括货物贸易的逆差。

3.2　服务贸易竞争力分析

3.2.1　贸易竞争力指数（TSC）

贸易竞争力指数即我们常说的 TSC 指数，是一国（或地区）竞争力高低的重要标志，是国际常用的竞争力分析指标。

从表 3-3、图 3-3 可以看出河南省的 TSC 指数在 2001~2018 年都为负值，并且出现扩大的趋势，这些数据表明服务贸易收入额小于支出额，服务贸易为逆差，属于支出型，服务贸易竞争力出现了恶化的趋势，但是在 2007 年竞争力指数为-0.19，竞争力得到很大提高。2010 年之后竞争力指数继续扩大但逐渐趋于稳定趋势，竞争力也在逐渐提高。

表 3-3　TSC 指数取值范围

TSC 取值	TSC = -1	-1<TSC <-0.6	-0.6<TSC <-0.3	-0.3<TSC <0	0<TSC <0.3	0.3<TSC <0.6	0.6<TSC <1	TSC = 1
含义	只有支出	有极大竞争劣势	有较大竞争劣势	有微弱竞争劣势	有微弱竞争优势	有较强竞争优势	有极强竞争优势	只有收入

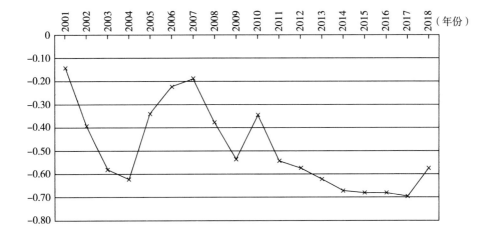

图 3-3　2001~2018 年河南省服务贸易竞争力指数变动

按照商务部和统计局分类标准对服务贸易的分类来分析各子类的贸易竞争力指数，分析如下：

从图 3-4 可以看出，运输服务除了 2002 年、2004 年、2005 年、2006 年之外其他年份贸易竞争力指数均为负值，2009 年后较稳定为逆差状态且逆差在缩小。旅行服务一直处于逆差状态，有极大的竞争劣势。建设服务很稳定一直处于竞争优势，从 2007 年后开始优势逐步减小。保险服务波动较大，2007 年贸易竞争力指数达到最高值 0.89，除了 2007 年、2009 年、2012 年、2017 年、2018 年为正值之外，其他年份均为负值。

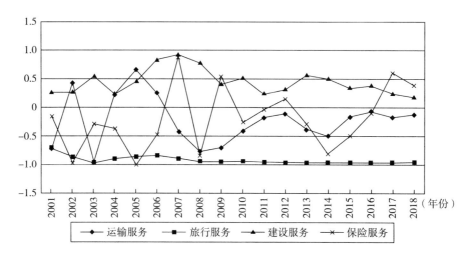

图 3-4 2001～2018 年河南省运输服务、旅行、建设、保险服务贸易竞争力指数变动

从图 3-5 可以看出，金融服务贸易竞争力指数一直为负值处于竞争劣势，除 2007 年波动较大且竞争力增强，其他年份较为稳定。电信、计算机和信息服务贸易竞争力指数 2012～2016 年稳定在 -0.2 左右，2017 年之后变为正值，由竞争劣势转为竞争优势。其他商业服务一直处于竞争劣势。文化和娱乐服务 2001 年后出现逆差，之后一直处于竞争劣势状态，但竞争力在逐渐提升。

从图 3-6 可以看出，加工服务有极强的竞争优势。别处未涵盖的维护和维修服务 2013 年前贸易竞争力指数一直为零，2013～2017 年为负值，2018 年恢复竞争优势。别处未涵盖的政府货物和服务除了 2001 年、2002 年、2006 年、2008 年有极强的竞争优势外，其他年份处于极强的竞争劣势。

按照查阅文献生产性服务贸易与生活性服务贸易、传统服务贸易与现代服务贸易两种分类方式对其贸易竞争力指数进行分析，分析如下：

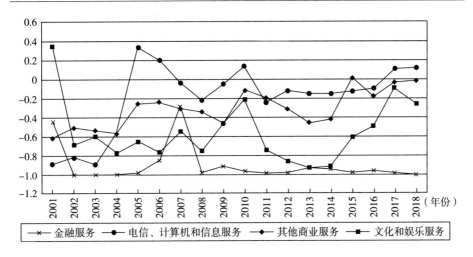

图 3-5 2001~2018 年河南省金融服务、电信计算机和信息服务、其他商业服务、文化和娱乐服务贸易竞争力指数变动

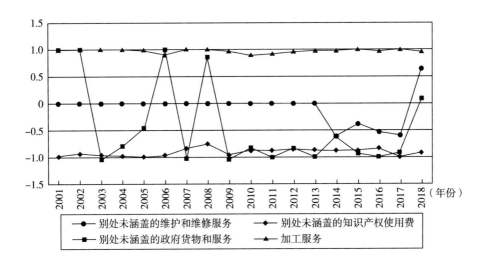

图 3-6 2001~2018 年河南省别处未涵盖的维护和维修服务、别处未涵盖的知识产权使用费、别处未涵盖的政府货物和服务①、加工服务贸易竞争力指数变动

---

① 据涉外收支交易分类与代码（2014 版）分类得出。

从图 3-7 可以看出，生产性服务贸易在 2005 年之后由逆差转为顺差，发展过程较平稳且竞争优势较小。生活性服务贸易一直处于竞争劣势，2001 年之后逆差加剧有极强的竞争劣势。传统服务贸易在 2001 年之后由正转为负出现逆差，且逐渐加剧处于竞争劣势。现代服务贸易虽然一直存在逆差，但逆差在逐渐缩小，竞争劣势逐步减小。

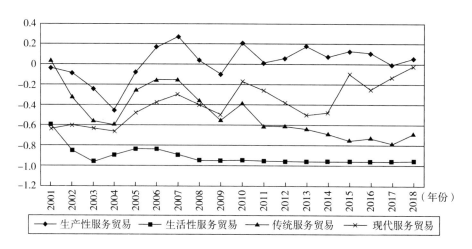

图 3-7 2001~2018 年河南省生产性服务贸易、生活性服务贸易、传统服务贸易、现代服务贸易竞争力指数变动

从以上分析可以得出结论：整体来说，河南省服务贸易竞争力水平还不高，正从弱竞争劣势向弱竞争优势转变。从总体上来看，河南省服务贸易处于竞争劣势地位，外资企业投资收益、出境旅行、境外职工报酬和建筑等持续的逆差，制约了河南省服务贸易竞争力的提高。

3.2.2 Michaely 指数（MI）

MI 指数是衡量经济变量每年变动平均程度大小的经济学指标，MI 值的取值范围为 [-1，1]。MI 值为正表示服务贸易具有比较优势，MI 值为负表示服务贸易具有比较劣势。

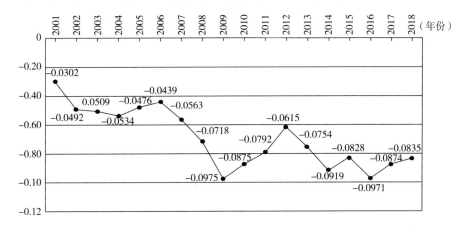

图 3-8　2001~2018 年河南省服务贸易竞争优势指数变动

如图 3-8 所示，2001~2018 年河南 MI 竞争优势指数全为负数，说明河南服务贸易不具竞争力，具有比较劣势。各年 MI 指数变动波动较大，说明河南服务贸易竞争力受多种因素影响，服务贸易发展不稳定。

3.2.3　服务贸易依存度（STO）

在经济学分析中，贸易依存度通常用来衡量国家（或地区）对外贸易对经济总量的影响程度。

从图 3-9 可知，2001~2018 年，河南服务贸易依存度呈波动上升趋势。服务贸易依存度从 2001 年的 0.177% 上升到 2016 年的 0.710%，而后又下降至 2018 年 0.561%。2016 年，河南省服务贸易依存度达到最大值 0.710%。由此可见，河南省服务贸易发展规模较小，对河南经济总量的影响较弱。

3.2.4　服务贸易出口贡献率

服务贸易出口贡献率是指国家（或地区）服务贸易出口在同期对外贸易出口总额中的占比，该指标可以用来衡量该国或地区的服务贸易发展水平（见图 3-10）。

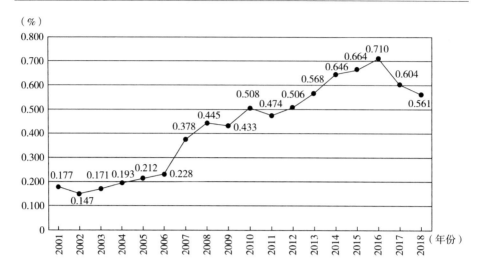

图 3-9　2001~2018 年河南省服务贸易依存度变动

资料来源：根据河南省商务厅、《河南统计年鉴》数据计算得出。

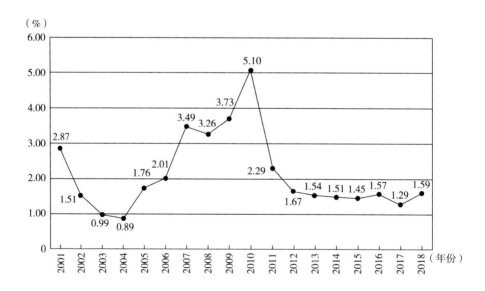

图 3-10　2001~2018 年河南省服务贸易出口贡献率变动

资料来源：根据河南省商务厅数据计算得出。

从图 3-10 可见，2001～2018 年服务贸易出口贡献率在波动中下降。2008～2010 年服务贸易出口贡献率相对有所增长，2012 年后开始逐渐稳定。由此可见，2001～2018 年，河南省服务贸易出口值虽有所增长，但增长速度和增长幅度慢于货物贸易，说明河南服务贸易出口竞争力有待提高。

3.3 结构性分析

本书按照商务部和统计局的分类标准将服务贸易分为以下几类：运输、旅行、加工服务（来料）、建筑、保险和养老金服务、金融服务、电信、计算机和信息服务、知识产权使用费、维护和维修服务、个人、文化和娱乐服务、政府服务、其他商业服务（含咨询）。

从图 3-11～图 3-16 中可以看出，运输服务支出大于收入，旅行支出大于收入，逆差极大且逆差逐步加剧，金融服务与旅行、别处未涵盖的知识产权使用费趋势相同，存在较大逆差。保险服务处于波动状态由逆差转为顺差。文化娱乐与运输服务、别处未涵盖的政府货物和服务、电信计算机和信息服务长期处于逆差，逆差较小。其他商业服务同样处于波动状态，2015 年之后逆差缩小，竞争优势增强。建设与加工服务收入大于支出，长期处于顺差，存在贸易竞争优势。别处未涵盖的维护和维修服务 2014 年之前收入支出均为0，接着支出大于收入，2018 年出现顺差。

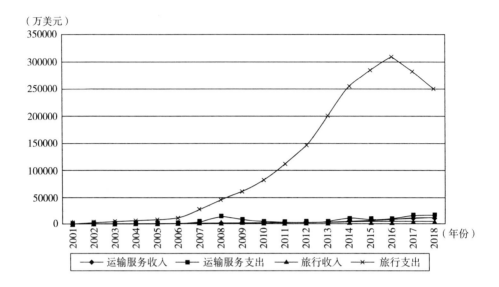

图 3-11　2001~2018 年河南省运输服务、旅行服务贸易收入支出分析

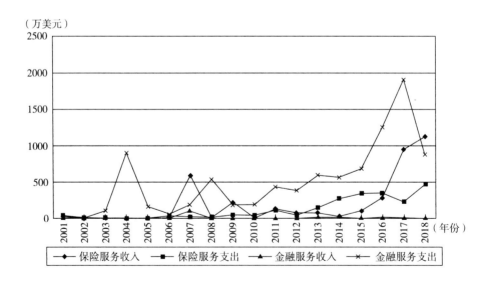

图 3-12　2001~2018 年河南省保险服务、金融服务贸易收入支出分析

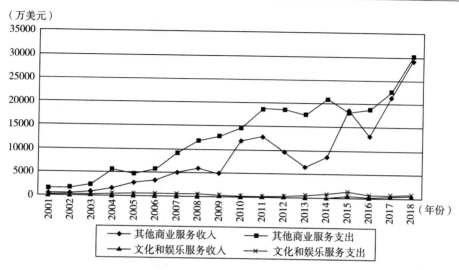

图 3-13 2001~2018 年河南省其他商业服务、

文化娱乐服务贸易收入支出分析

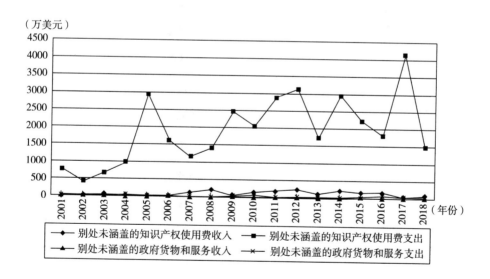

图 3-14 2001~2018 年河南省别处未涵盖的知识产权使用费、别处未涵盖的

政府货物和服务贸易收入支出分析

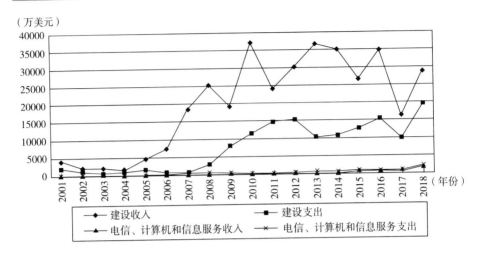

图 3-15 2001~2018 年河南省建设与电信、计算机和信息服务贸易收入支出分析

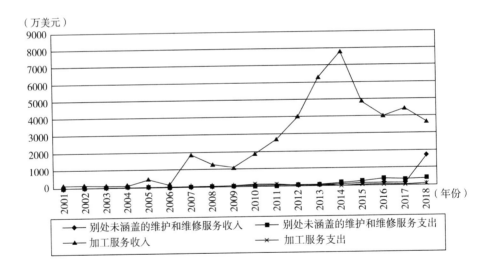

图 3-16 2001~2018 年河南省别处未涵盖的维护和维修服务、加工服务贸易收入支出分析

资料来源：河南省商务厅、《河南统计年鉴》。

根据相关文献资料查阅情况，本书按照以下两种分类方式对河南省服务贸易现状进行结构性分析。将旅行、个人文化和娱乐服务划分为生活性服务贸易，其他划分为生产性服务贸易。

（1）生产性服务业与生活性服务业。

河南省整体服务贸易支出远远大于收入，但从表3-4和图3-17可知，2010年后生活性服务贸易总额大于生产性服务贸易总额。这主要是因为河南有丰富的旅游资源，是河南服务贸易增长的重要来源之一。河南是黄河文明的中心，历史文化底蕴深厚，有丰富的旅游资源。2022年河南省国民经济和社会发展统计公报显示，截至2022年，河南省有星级酒店361家，旅行社1229家。

表3-4 生产性与生活性服务贸易收入支出分析

年份	生产性服务贸易收入（亿美元）	生产性服务贸易支出（亿美元）	TSC指数	生活性服务贸易收入（亿美元）	生活性服务贸易支出（亿美元）	TSC指数
2001	0.46	0.50	−0.04	0.04	0.17	−0.59
2002	0.29	0.35	−0.09	0.03	0.39	−0.85
2003	0.28	0.46	−0.24	0.02	0.66	−0.95
2004	0.33	0.88	−0.45	0.05	0.74	−0.89
2005	0.83	0.97	−0.08	0.08	0.86	−0.83
2006	1.26	0.90	0.17	0.11	1.26	−0.84
2007	2.86	1.65	0.27	0.17	2.78	−0.88
2008	3.49	3.20	0.04	0.12	4.74	−0.95
2009	2.69	3.27	−0.10	0.16	6.23	−0.95
2010	5.39	3.53	0.21	0.26	8.14	−0.94
2011	4.25	4.13	0.01	0.27	11.12	−0.95
2012	4.74	4.20	0.06	0.30	14.53	−0.96
2013	5.27	3.67	0.18	0.35	20.25	−0.97
2014	5.62	4.91	0.07	0.42	25.82	−0.97
2015	5.79	4.48	0.13	0.54	28.67	−0.96
2016	6.27	5.04	0.11	0.57	31.08	−0.96
2017	5.60	5.67	−0.01	0.56	28.43	−0.96
2018	7.98	7.17	0.05	0.69	24.87	−0.95

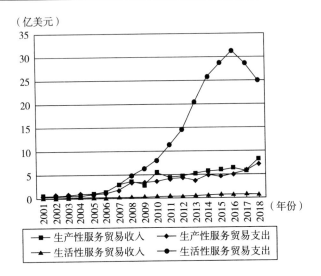

图 3-17 生产性与生活性服务贸易收入支出分析

旅游创汇收入是分析和衡量旅游服务贸易的发展水平的重要指标。2008年以来，河南接待入境游客数量逐步增长，其中外国游客约占总数的60%。2017年，河南接待入境游客307.3203万人次，约为2008年接待入境游客数量的3倍。入境旅游人数的增加，带动旅游创汇收入提高。2017年，旅游创汇收入为98182.19万美元，比2008年增长1.6倍。

（2）传统服务贸易（劳动密集型服务贸易）与现代服务贸易（知识密集型服务贸易）。

从表3-5和图3-18可以看出传统服务贸易总额大于现代服务贸易总额。但是依然存在严重的收支不平衡现象。在2016年传统服务贸易（劳动密集型服务贸易）支出额达到最高点之后缓慢下降。河南省是一个人口大省，劳动密集型产业在河南省居多，劳动密集型服务贸易所占比例较大。

运输服务贸易是河南服务贸易增长引擎之一。河南是陆地交通网络和空间交通网络的中心。铁路运输网络方面，京广铁路、京九铁路、陇海铁路等铁路线在河南省会郑州市交汇，郑州市被称为"铁路心脏"。

表 3-5　传统服务贸易与现代服务贸易收入支出分析

年份	传统服务贸易（劳动密集型服务贸易）收入（亿美元）	传统服务贸易（劳动密集型服务贸易）支出（亿美元）	TSC指数	现代服务贸易（知识密集型服务贸易）收入（亿美元）	现代服务贸易（知识密集型服务贸易）支出（亿美元）	TSC指数
2001	0.45	0.42	0.03	0.06	0.25	-0.63
2002	0.27	0.51	-0.31	0.06	0.24	-0.60
2003	0.22	0.77	-0.56	0.08	0.35	-0.63
2004	0.21	0.81	-0.59	0.17	0.81	-0.66
2005	0.61	0.99	-0.24	0.30	0.84	-0.47
2006	1.01	1.36	-0.15	0.37	0.80	-0.37
2007	2.41	3.29	-0.15	0.62	1.14	-0.30
2008	2.97	6.45	-0.37	0.64	1.49	-0.40
2009	2.32	7.89	-0.55	0.53	1.60	-0.50
2010	4.42	9.93	-0.38	1.24	1.73	-0.17
2011	3.19	12.97	-0.61	1.33	2.27	-0.26
2012	4.02	16.46	-0.61	1.03	2.27	-0.38
2013	4.91	21.83	-0.63	0.71	2.09	-0.50
2014	5.10	28.08	-0.69	0.94	2.65	-0.48
2015	4.35	30.78	-0.75	1.99	2.37	-0.09
2016	5.38	33.71	-0.72	1.46	2.41	-0.25
2017	3.78	31.05	-0.78	2.38	3.06	-0.13
2018	5.20	28.45	-0.69	3.47	3.59	-0.02

以软件服务贸易为例，以信息技术和软件服务业为代表的河南本土高新技术服务业发展规模较小，发展水平相对落后，生产效率、产品质量和服务水平较低，不能为新兴服务贸易的发展提供有效支持。随着网络经济的发展，跨境电子商务已经成为国际贸易发展的一种新的商务形式。河南是一个内陆城市，不能发展海上国际贸易。

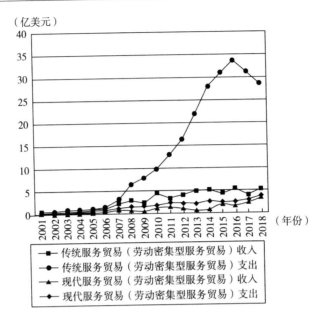

（亿美元）

（年份）

——■— 传统服务贸易（劳动密集型服务贸易）收入
——●— 传统服务贸易（劳动密集型服务贸易）支出
——▲— 现代服务贸易（劳动密集型服务贸易）收入
——◆— 现代服务贸易（劳动密集型服务贸易）支出

图 3-18　传统服务贸易与现代服务贸易收入支出分析

3.4　环境分析

3.4.1　PEST 分析

3.4.1.1　政治环境

2013 年，习近平总书记提出了顺应当今经济全球化潮流趋势的"一带一路"倡议，促进了地区间不同文化的交流碰撞以及经济上的密切合作。我国服务贸易因为该倡议的提出拥有了广阔的发展空间，谋求更多新的发展机遇。服务贸易在"一带一路"倡议下有极其广阔的前景，将成为未来经济发展的又一次重大飞跃。同时，"一带一路"倡议的提出为河南省经济优化转型和贸易高质量发展提供了很好的契机。对河南省而言应借力"一带一路"契机，通过改革创新提升河南省服务贸易的国际竞争优势以加快建设贸易强省，利用自身市场规模引资外商为服务业发展注入更大的活力。

作为现代服务业的重要组成部分，电子商务和物流与人民生活密切相关。2019年1月22日，为贯彻落实《国务院办公厅关于推进电子商务与快递物流协同发展的意见》(国办发〔2018〕1号) 精神，提高河南省电子商务与快递物流协同发展水平，河南省人民政府办公厅印发了《关于推进电子商务与快递物流协同发展的实施意见》，指出要加快制度创新，完善基础设施，提升管理水平。一是优化协调发展的政策环境；二是完善电子商务快递物流基础设施；三是促进配送车辆的标准化运行和便捷通行；四是提高快递物流的终端服务能力；五是促进智能标准化的协调发展；六是发展绿色安全的生态链。河南省对服务贸易发展方向进行了明确的表述，从政策方面对省服务贸易的进一步发展提供了大力支持。由此，足以见得河南省对服务贸易发展的重视程度。

3.4.1.2　经济环境

目前河南省产业结构仍以第一、第二产业为主，第三产业所占比重仍然很低。新型服务业起步晚，发展缓慢，教育、金融等高附加值类服务产业仍相对落后处于发展阶段。服务贸易结构不合理、地区间服务贸易发展不均衡、政策体系和统计体系不完善，所以目前服务贸易发展中面临的产业环境问题较为严峻。

3.4.1.3　社会环境

人口结构的变化将在影响未来服务需求构成和专业化格局方面发挥极其重要的作用，因为决定服务需求构成的一个本质要素便是人口年龄结构。不同经济体的人口年龄结构都将对服务贸易产生一定的影响，发达经济体不断增加的老龄人口更多需要的是卫生、保险服务，发展中经济体不断增长的年轻人口将更多需要的是数字、金融和教育等类型的创新服务，那么满足这些需求的有效途径便是发展服务贸易。

河南省作为中国的人口大省，随着"千禧一代"和"00后"在世界人口中所占的比例越来越大，而且这两个群体的用户目前占全社会社交媒体平台主要用户的一半还多，每天平均花在社交媒体上的时间也要超过两个半小时，所以衍生出的对创意产品的需求是足够旺盛的。这种需求为服务贸易发展提供了新的机会，特别是对某些特定类型的服务提供者如河南省的创意产业。

收入水平决定了货物和服务需求的构成，同时也决定了对不同类型服务的需求。另外随着一省总体收入的增长，人们的消费行为、消费结构也在产生相应的变化。例如，人们会越来越追求新产品、高质量产品，尤其是经济条件较富裕的消费者在技术密集型服务（如金融和保险服务）上的支出越来越大，而经济发达的国家往往专门从事这些服务的生产。

3.4.1.4 技术环境

当前的服务经济时代，很大程度上要归功于数字化技术的发展。全球在数字等新兴技术层面的进步正在使服务贸易发展上升为更高更深的层次，同时也使服务贸易变得越来越重要。新技术还为微型、小型和中型企业参与服务贸易提供了便利，新技术不断发展进步的环境变化同样也对促进服务贸易发展产生了积极的影响。

数字技术也在进一步影响未来的服务贸易。中国是最早提出人工智能发展战略规划的国家之一，人工智能发展政策体系已相对完善。《2019年世界贸易报告》指出：首先，数字技术通过为传统上需要面对面互动的服务提供跨境贸易，可能会降低服务贸易的成本。其次，他们将使公司在全球范围内接触到更多数字连接的客户，并为服务外包提供便利。最后，数字化使货物贸易和服务贸易之间的区别越发模糊。这些趋势都将使国家在数字基础设施投资和知识产权保护等方面加大投资力度。

3.4.2　SWOT 分析

3.4.2.1　优势

（1）政策支持。

2012 年 5 月 8 日，国家发展改革委办公厅下发了《关于组织开展国家电子商务示范城市电子商务试点专项的通知》（发改办高技〔2012〕1137 号），郑州被列为全国跨境电子商务试点城市。国家政策的大力支持使河南获得大量的资金和政策支持，从而为河南服务贸易的发展提供了广阔而有利的外部环境。

（2）劳动力资源充足。

河南省作为一个人口众多的省份，劳动力资源充足，并且由于经济发展，劳动力价格也相对较低，从而形成了劳动力供应的绝对优势，其中富士康工厂搬迁至郑州便是鲜明的体现。富士康企业的引进，吸引大量的劳动力进入河南省，促进劳动力增加。

（3）优越的地理位置。

河南位于中原，介于北京、天津、唐山、长三角、珠三角和成渝城市群之间。它是通往西北六省的门户，也是新亚欧大陆桥的重要一站。它具有独特的地理优势，并作为交通枢纽发挥着重要作用。近年来，作为地处内陆的河南，为着力围绕打造内陆开放高地这一目标，充分结合其交通优势而不断创新发展，积极融入国家"一带一路"建设，形成了四路协同并进的开放格局。

（4）品牌树立意识强。

双汇、思念等食品加工业以及宇通客车、中信重工、森源重工、郑州航空港、富士康等品牌已成为河南的特色风景线。除此之外，龙子湖智慧岛引进大数据人才，建立国家大数据综合试验区。同时，物联网、互联网、云计算等国内外知名高端信息通信企业，如阿里巴巴等都在河南设立了总部或区域基地。华为云运营创新服务中心、华为软件开发云创新中心、诺基亚全球交付中心等企业登陆智慧岛，这一系列的"引进来"措施都将为河南品牌的走出去以及服务贸易规模的扩大、服务质量的提高带来积极效应。

3.4.2.2　劣势

（1）服务贸易结构不合理。

在河南省进出口贸易中，服务贸易一直是短板，在过去的发展过程中以旅游、运输、建筑劳务服务承包等劳动密集型产业为主。从郑州市服务贸易数据来看，2017年第一季度进出口总额达7.25亿美元，同比增长10%，其中劳动密集型服务贸易占比高达50%以上，而以金融、教育、计算机、信息服务等为主的技术密集型服务贸易收入仅为20%，服务贸易结构不均衡。

（2）区域经济发展不平衡。

河南省的服务贸易主要集中在郑州、洛阳、濮阳、漯河等地，而周口、南阳、信阳等地服务贸易规模较小，这在一定程度上影响了河南省服务贸易规模的扩大。总体来说，中原城市群的产业结构优于全省平均水平，豫北经济区第二产业比重较高，第三产业比重较低。豫西、豫西南经济区第一产业比重较高，第三产业比重较低。

（3）高质量人才资源匮乏。

目前河南省人才流出严重，人才资源紧缺，"985"、"211"和"双一流"高校数量少，地区教育发展水平参差不齐，高校和培训机构对服务贸易方面人才的培养意识有待提高，服务贸易中高端人才缺失，中高端人才培养体系落后，缺乏技术型服务人才。在之后的发展过程中，应该加大人才引进力度，吸引更多的人才留在河南，为河南省的快速发展提供重要支持。

（4）品牌集聚效应较低。

树立一个好的品牌能产生巨大的集聚效应，河南省虽然有很多脍炙人口的品牌，如思念、莲花、三全、宇通客车、中国洛玻集团、中信重工等，但未能与其他品牌产生良好的集聚效应，形成一条完整产业链，从而未能及时拓展国内外市场规模以促进服务贸易的"引进来"与"走出去"。

3.4.2.3 机会

（1）郑州航空港经济综合试验区发展规划已获国务院批准，作为第一个上升为国家战略的试验区，航空港项目为河南对外开放提供了又一个重要平台，利用物流业发展促进服务贸易发展，促进河南省经济的快速发展。战略定位是国际航空物流中心、航空经济带动的现代工业基地、内陆地区对外开放的重要门户、现代航空城市、中原经济区的核心增长极。发展目标是到2025年建成具有国际影响力的试验区，形成引领中原经济区发展、服务全国、连接世界的开放高地。国家在港口通关、航空公司权利、金融、税收、土地管理和服务外包等方面对试验区给予政策支持。

（2）"一带一路"倡议的提出为河南省经济的优化转型及贸易高质量发展提供了很好的机遇。

利用合作平台，河南可以积极发展与"一带一路"沿线国家和地区的经济合作伙伴关系，共同建设利益共同体，为实现互利共赢、服务贸易积极发展、经济健康快速发展而努力，为产业结构优化和贸易质量提高注入动力。"进博会"的举办，为河南省充分利用其优势抓住平台机遇这一"助力剂"，扩大招商引资，拓展服务贸易渠道，推进产业转型优化升级，提高其竞争力及服务贸易质量提供了契机。

3.4.2.4　威胁

第一，如今国内经济下行压力加大，经济处于疲软状态，企业发展缓慢，这样的大环境对以加工贸易业为主的河南来说是极其不利的。服务贸易相关政策制度、法律法规的不完善，为服务贸易过程的顺利进行带来了一定的困难。中美贸易摩擦使当前的经济压力越来越大，作为第三产业的服务贸易其发展尤其艰难。

第二，周边城市教育力量雄厚，如武汉、西安其教育水平发达，"211""985""双一流"高校林立，吸引了大量人才集聚，而河南省教育水平与周边城市存在一定差距，这便导致人才流失严重，中高端人才缺乏。其他以教育、金融、通信技术等技术密集型产业为主的省份如江苏、广东等，产业基础好且发展势头迅猛，而河南作为农业大省，技术密集型产业起步晚、基础薄弱，在企业竞争中处于劣势地位。

第三，河南省的服务业增加值不高，与全国平均水平的差距还在不断拉大。经济发展带动人们提高生活水平、改变消费方式，越来越多的人追求高质量、创新类产品和服务。同时，高附加值类产品和服务更新换代快，替代商品的出现使大众的需求得不到满足，对服务贸易出口带来一定负面效应。

3.5　自贸区发展分析

通过对河南省郑州自贸区、开封自贸区、洛阳自贸区三个自贸区的中国（河南）自由贸易试验区服务贸易企业进行问卷调查，分析河南省自由贸易试验区服务贸易企业发展所面临的问题以及发展现状，为河南省服务贸易企业做大做强提供科学建议。

①在被调查的自贸区企业中，硕士及以上人才占比统计低于20%的超八成。由此可见，服务贸易企业高端人才相对比较匮乏，需要引进和培养相关专业的高级人才。同时，复合型人才匮乏而市场需求大。②企业的融资能力较弱，融资成本较高。企业在融资方面的最大障碍集中于贷款费用过高、资金来源不稳定等方面。需拓宽中小型企业的融资渠道，加大政府政策性支持力度。③自贸区的成立对营商环境的改善较为显著，营商氛围浓厚，但是综合服务水平相对较低。④民营企业占多数，中外合资以及外商独资企业匮乏，需加大引进外商企业入驻河南省自贸区，拉动经济社会发展。⑤从服务贸易的竞争优势统计分析可知，目前自贸区的服务贸易企业在成本、管理、售后服务方面有一定的优势，但缺乏技术创新及研发能力，同时政府方面的经济制度及环境也较为弱势。⑥从统计数据中得知，当前制约河南省服务出口企业进一步开拓国际市场的主要障碍由大到小为：政府支持力度不够、贸易壁垒问题、各项手续复杂办事效率低、融资困难。由此可见，政府方面应加大支持力度，提高各部门的办事效率，简政放权助力服务出口企业开拓国际市场，促进经济发展。⑦50%以上企业认为此次新冠疫情对本企业的影响较大或影响很大，困难集中于资金、市场方面，主要体现在流动资金紧张，融资难度加大，用工、物流等成本提高，市场需求受抑制，订单合同难以履行引起法律纠纷等。企业也充分考虑此次公共卫生事件中新生的商业模式及转变，对其中长期的经营模式有所规划，主要集中在加快数字化转型、加大智能化力度方面。

4 河南省服务贸易发展经济效应研究

4.1 河南省服务贸易与货物贸易的协同效应研究

当前，随着服务贸易的快速发展，国际贸易领域的货物贸易正在同服务贸易加速渗透融合，这使生产性服务业及生产性服务贸易呈现出巨大的发展潜力。为揭示河南省服务贸易和货物贸易的协同作用机制，本部分采用向量自回归模型（VAR）进行实证分析。

4.1.1 计量模型

设 $y_t = (y_{1t} y_{2t} \cdots y_{kt})'$ 为一 k 维随机时间序列，p 为滞后阶数，$u_t = (u_{1t} u_{2t} \cdots u_{kt})'$ 为一 k 维随机扰动的时间序列，且有结构关系：

$$\left[\begin{array}{l}y_{1t}=a_{11}^{(1)}y_{1t-1}+a_{12}^{(1)}y_{2t-1}+\cdots+a_{1k}^{(1)}y_{kt-1}+a_{11}^{(2)}y_{1t-2}+a_{12}^{(2)}y_{2t-2}+\cdots+a_{1k}^{(2)}y_{kt-2}+\cdots+a_{11}^{(p)}y_{1t-p}\\ \qquad+a_{12}^{(p)}y_{2t-p}+\cdots+a_{1k}^{(p)}y_{kt-p}+u_{1t}\\ y_{2t}=a_{21}^{(1)}y_{1t-1}+a_{22}^{(1)}y_{2t-1}+\cdots+a_{2k}^{(1)}y_{kt-1}+a_{21}^{(2)}y_{1t-2}+a_{22}^{(2)}y_{2t-2}+\cdots+a_{2k}^{(2)}y_{kt-2}+\cdots+a_{21}^{(p)}y_{2t-p}\\ \qquad+a_{12}^{(p)}y_{2t-p}+\cdots+a_{2k}^{(p)}y_{kt-p}+u_{2t}\\ \cdots\cdots\\ y_{kt}=a_{k1}^{(1)}y_{1t-1}+a_{k2}^{(1)}y_{2t-1}+\cdots+a_{kk}^{(1)}y_{kt-1}+a_{k1}^{(2)}y_{1t-2}+a_{12}^{(2)}y_{2t-2}+\cdots+a_{1k}^{(2)}y_{kt-2}+\cdots+a_{k1}^{(p)}y_{1t-p}\\ \qquad+a_{k2}^{(p)}y_{2t-p}+\cdots+a_{kk}^{(p)}y_{kt-p}+u_{kt}\\ t=1,\ 2,\ \cdots,\ T\end{array}\right.$$

$$(4-1)$$

若引入矩阵符号，记

$$A_i=\left|a_{21}^{(i)}a_{22}^{(i)}\cdots a_{2k}^{(i)}\right|,\ i=1,\ 2,\ \cdots,\ p$$

可写成 $y_t=A_1y_{t-1}+A_2y_{t-2}+\cdots+A_py_{t-p}+u_t$, $t=1,\ 2,\ \cdots,\ T$ $\qquad(4-2)$

进一步，若引入滞后算子 L，则又可表示成

$$A(L)y_t=u_t,\ t=1,\ 2,\ \cdots,\ T \qquad (4-3)$$

其中：$A(L)=I_k-A_1L-A_2L^2-\cdots-A_pL^p$ 为滞后算子多项式。

如果模型满足的条件：①参数阵 $A_p\neq0$，$p>0$；②特征方程 $\det[A(L)]=|I_k-A_1L-A_2L^2-\cdots-A_pL^p|=0$ 的根全在单位圆外；③$u_t\sim iidN(0,\ \sigma_u^2)$，$t=1$，$2$，$\cdots$，$T$，即 u_t 相互独立，同服从以 $E(u_t)=0$ 为期望向量、$\mathrm{Cov}(u_t)=E(u_tu_t')=\sum$ 为方差协方差阵的 k 维正态分布。这时，u_t 是 k 维白噪声向量序列，由于 u_t 没有结构性经济含义，也被称为冲击向量；$\mathrm{Cov}(u_tx_{t-j}')=E(u_tx_{t-j}')=0$，$j=1$，$2$，$\cdots$，$n$，即 u_t 与 x_t 及各滞后期不相关。则称上述模型为无约束向量自回归（VAR）模型。

VAR 模型的定阶（滞后值 p 的确定）必须适中，较大的阶数尽管能够更

好地反映模型动态特征，但是将损失自由度且待估参数较多。常用的定阶方法是最小信息准则，即分别取 $p = 1$，2，…，n 来计算 AIC 或者 SC，使 AIC 或 SC 最小化的值所对应的 p 为模型合适阶数，相应的模型参数估计 $\hat{A}_1$，$\hat{A}_2$，…，$\hat{A}_p$ 为最佳模型参数估计。

VAR 模型的主要步骤如下：①对原始数据进行初步处理和分析；②对时间变量序列及其差分序列的平稳性进行检验；③VAR 模型的建立；④检验变量间的协整关系；⑤格兰杰因果关系检验；⑥脉冲响应分析；⑦方差分解。

4.1.2 变量选择与统计性描述

本书选择河南省货物贸易总额（CT）、服务贸易总额（ST）、地区生产总值（GDP）三个变量，其中服务贸易总额为国际收支口径下的服务贸易收入额与服务贸易支出额之和，且为反映货物贸易与服务贸易的交互作用，以其乘积项作为交互项变量。以上相关数据来源于河南省统计局、外汇局河南省分局以及河南省商务厅，数据分析样本期间选定为 2001~2018 年，数据单位为亿美元。同时，为剔除物价波动因素影响，采用河南省定基 CPI 指数对各名义变量进行平减。①

河南省货物贸易、服务贸易以及 GDP 的名义值变化趋势如图 4-1 至图 4-3 所示。

由图可见，随着河南省 GDP 的持续增长，从服务贸易总额变化情况来看，中国正式加入 WTO 后河南省服务贸易总额仅为 1.18 亿美元，占 GDP 比重为 0.18%，且逆差规模较小，而货物贸易总额近 28 亿美元，占 GDP 比重为 4.18%，处于绝对主导地位，约为服务贸易总额的 23.6 倍。至 2018 年，

---

① 一种数据处理方式。GDP 数据一般使用 GDP 平减指数进行平减，用名义 GDP 也就是现价 GDP 除以 GDP 平减指数，就是实际的 GDP，也就是可比价的 GDP 值。

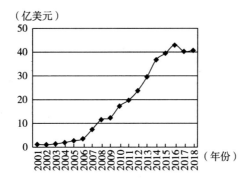

图 4-1   2001~2018 年河南省服务贸易变化趋势

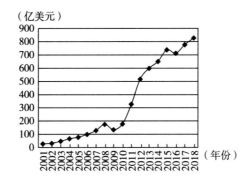

图 4-2   2001~2018 年河南省货物贸易变化趋势

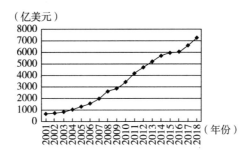

图 4-3   2001~2018 年河南省 GDP 变化趋势

河南省服务贸易和货物贸易规模都在不断扩大，其占 GDP 比重分别增至 0.56%和 11.4%，货物贸易总额约为服务贸易总额的 20 倍，服务贸易逆差额有所增加。从三者的总体变动趋势来看，河南省 GDP 基本呈现持续上扬态势，服务贸易除在 2017 年出现下降外，其余年份波动较小，但货物贸易在 2009 年和 2016 年都出现了较为剧烈的下降波动。

4.1.3 模型回归

本书设定的 VAR 模型变量包括 CT、ST 和 GDP。同时，为避免数据的剧烈波动，对各变量进行自然对数化处理，于是得到 LCT、LST 和 LGDP 三个变量。

（1）单位根检验。

单位根检验是对数据的平稳性检验，只有平稳序列或差分后同阶单整序列才能够进行回归分析，否则会出现伪回归。采用 ADF 法进行检验，结果见表 4-1。

表 4-1　平稳性检验结果

变量	ADF 检验值	检验类型 （C，T，L）	1%显著性水平 临界值	结论
LGDP	-2.16	（C，T，3）	-4.80	不平稳
iLGDP	-1.42	（C，0，0）	-3.92	不平稳
iiLGDP	-4.30	（0，0，0）	-2.73	平稳
LCT	-2.35	（C，T，1）	-4.67	不平稳
iLCT	-2.92	（C，0，0）	-3.92	不平稳
iiLCT	-4.67	（0，0，0）	-2.73	平稳
LST	-0.08	（C，T，0）	-4.62	不平稳
iLST	-2.81	（C，0，0）	-3.92	不平稳
iiLST	-5.85	（0，0，0）	-2.73	平稳

注：在检验形式中，i 表示各自形式的一阶差分，ii 表示各自形式的二阶差分；（C，T，L）中的 C、T、L 分别表示模型中的常数、时间趋势和滞后阶数。

可见，各变量原始序列均非平稳，但经过二阶差分后成为平稳序列，故属于二阶单整序列，即为 I(2)。

（2）建立 VAR 模型。

根据 EViews 6.0 中 Lag Length Criteria 所提出的标准及参数的统计显著性将 VAR 模型最优滞后阶数确定为 2，于是有：

$$\begin{bmatrix} LGDP_t \\ LCT_t \\ LST_t \end{bmatrix} = \begin{bmatrix} 1.45 & -0.14 & -0.02 \\ 0.10 & 0.46 & -0.56 \\ 2.11 & -0.48 & 0.30 \end{bmatrix} \begin{bmatrix} LGDP_{t-1} \\ LCT_{t-1} \\ LST_{t-1} \end{bmatrix} + \begin{bmatrix} 0.07 & 0.04 & -0.22 \\ 3.78 & -0.46 & -0.86 \\ 1.16 & 0.16 & -0.91 \end{bmatrix}$$

$$\begin{bmatrix} LGDP_{t-2} \\ LCT_{t-2} \\ LST_{t-2} \end{bmatrix} + \begin{bmatrix} -2.91 \\ -21.36 \\ -19.86 \end{bmatrix} \tag{4-4}$$

由 VAR 结果可知，当期 GDP 显著地受到了滞后 1 期 GDP 的正向影响，当期货物贸易显著地受到了滞后 2 期 GDP 的正向影响，当期服务贸易则显著地受到了滞后 1 期 GDP 的正向影响，但货物贸易和服务贸易融合发展程度不高。

（3）协整检验。

在上述 VAR 模型中进行 Johansen 检验，结果见表 4-2。

表 4-2 协整检验结果

原假设 H0	特征值	迹统计量	5%临界值	概率
没有	0.92	53.97	29.80	0.0000
最多 1 个	0.47	13.41	15.49	0.1008
最多 2 个	0.19	3.36	3.84	0.0667

表4-2显示，对于不存在协整关系的原假设，协整检验的迹统计量大于5%的临界值，故拒绝原假设而接受备择假设；对于存在最多1个和存在最多2个协整关系的原假设，协整检验的迹统计量均小于5%的临界值，故接受原假设而拒绝备择假设。此外，该检验给出了相对应的协整方程如下：

$$LGDP = 0.19 \times LCT + 0.42 \times LST \qquad (4-5)$$

（4）格兰杰因果关系检验。

继续对VAR模型实施格兰杰因果关系验证，结果见表4-3。

表4-3　格兰杰因果关系检验结果

检验变量（原假设）	滞后期	F统计值	概率	结论
LCT 不是 LGDP 的原因	1	1.50	0.2410	LCT≠LGDP
LGDP 不是 LCT 的原因	1	3.28	0.0917	LGDP⇒LCT
LST 不是 LGDP 的原因	1	0.19	0.6665	LST≠LGDP
LGDP 不是 LST 的原因	1	4.37	0.0553	LGDP⇒LST
LST 不是 LCT 的原因	1	1.06	0.3198	LST≠LCT
LCT 不是 LST 的原因	1	0.21	0.6551	LCT≠LST

可见，经济增长是货物贸易与服务贸易增长单向格兰杰成因的概率较大，但两类贸易是经济增长的格兰杰成因概率较小，而且货物贸易与服务贸易不是彼此格兰杰成因的概率也较小。

（5）脉冲响应及方差分解。

基于所建立的VAR模型，继续进行脉冲响应和方差分解分析，结果见图4-4和图4-5。

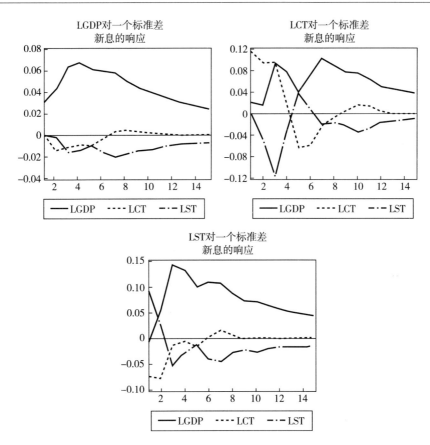

图 4-4　脉冲响应组图

由图 4-4 可知，LGDP 在第一期对来自自身的一个标准差新息立刻有一个较大幅度的反应，此后十五期其反应逐渐由 0.031 增强至 0.066 后再减弱至 0.024，而 LGDP 在第一期对 LCT 和 LST 的一个标准差新息没有任何反应，此后十五期其反应先小幅度增强后再衰减直至接近消失。LCT 在第一期对来自自身的一个标准差新息有约 0.113 的强烈反应，此后十五期其反应在波动中衰减至几乎消失。LCT 在第一期对 LGDP 的一个标准差新息有极其微弱的反应，此后十五期其反应波动幅度较大且都高于初期反应程度。而 LCT 在第

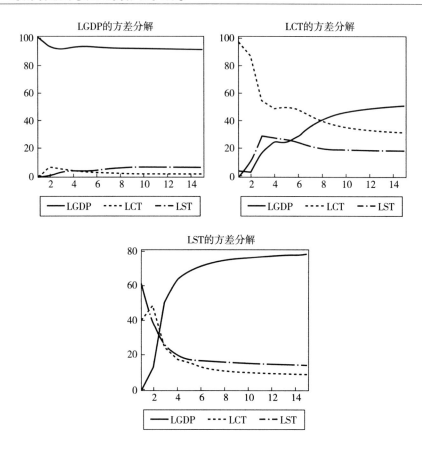

图 4-5 方差分解组图

一期对 LST 的一个标准差新息没有任何反应，之后的十五期内其反应波动幅度较大并逐渐减弱。LST 在第一期对来自自身及 LCT 的一个标准差新息都出现了较强的反应，此后十五期其反应逐渐衰减且对 LCT 的反应衰减更快。而 LST 在第一期对 LGDP 的一个标准差新息并未立即产生太大反应，但在此后两期内迅速增至 0.143，从第四期开始逐渐回落至第十五期的 0.043。

进一步来看，由图 4-5 可见，LGDP 的波动在第一期完全受到其自身扰动冲击的影响，随后自身的扰动冲击作用始终保持在 90% 左右，而来自 LCT 和 LST 的扰动冲击作用自第二期后一直处于较低水平。LCT 的波动在第一期也几乎完全受到其自身扰动冲击的影响，此后来自自身的扰动冲击持续降低至约 30%，来自 LST 的扰动冲击在第三期升至近 30%，但之后回落至 20% 并延续至第十五期，来自 LGDP 的扰动冲击则呈现持续攀升趋势，分别在第六期和第八期超过了 LST 和 LCT 的冲击作用，并在第十五期达到约 50% 的水平。LST 的波动在第一期主要由其自身和 LCT 造成，冲击作用分别为 60% 和 40%，此后二者的扰动冲击几乎同步降低至 10% 左右，来自 LGDP 的扰动冲击从第二期开始显著上升，并在第三期超越 LCT 和 LST 的冲击作用后最终达到近 80% 的水平。

4.1.4 主要结论

由以上分析可知：从短期来看，河南省经济增长主要源于自身的影响，货物贸易和服务贸易也在经济增长的带动下实现了规模性增长；从长期来看，货物贸易和服务贸易都会对经济增长产生正向影响，且服务贸易的影响力度要大于货物贸易的影响力度。但是，货物贸易和服务贸易的相互影响效果并不显著，这说明河南省两类贸易的协同效应并未得到最大限度的发挥。

4.2 河南省服务贸易发展的产业升级效应研究

4.2.1 服务贸易内生技术进步模型

4.2.1.1 基本模型及数据处理

本书沿袭了前人研究的思想，将只关注货物贸易出口部门的 Levin &

Raut 模型拓展至服务贸易部门，即将服务贸易出口与服务贸易进口作为影响技术进步的主要因素，进而将技术进步内生化。同时，本书还将分别从服务贸易功能性结构和服务贸易需求性结构两个维度考察服务贸易结构对三次产业的影响机制。建立式（4-6）、式（4-7）和式（4-8）的基本贸易内生技术进步模型。

$$Y_{it} = A_{it} L_{it}^{\alpha_i} K_{it}^{\beta_i} \tag{4-6}$$

（假设Ⅰ）当技术进步取决于服务贸易出口时，有：

$$A_{it} = B_{it} \left[1 + \eta_i \left(\frac{X}{Y} \right)_t \right] X_t^{\theta_i} \tag{4-7}$$

（假设Ⅱ）当技术进步取决于服务贸易进口时，有：

$$A_{it} = C_{it} \left[1 + \gamma_i \left(\frac{M}{Y} \right)_t \right] M_t^{\varphi_i} \tag{4-8}$$

上述模型中，Y_{it}、L_{it}、K_{it}、Y_t、X_t、M_t 分别表示第 i 个产业在 t 时期的产出、第 i 个产业在 t 时期的劳动、第 i 个产业在 t 时期的资本存量、三次产业在 t 时期的总产出、一国或地区在 t 时期的服务贸易总出口和一国或地区在 t 时期的服务贸易总进口，因而有 $Y_t = \sum_{i=1}^{3} Y_{it}$；$A_{it}$ 表示第 i 个产业在 t 时期的全要素生产率（TFP）。

按照 G. Feder 假设，定义 δ_i 为服务贸易部门与非服务贸易部门中资本与劳动等要素边际产出间的比率差异，其式为 $\delta_i = (\eta_i + \theta_i) / (1 - \eta_i - \theta_i)$（对假设Ⅰ）或 $\delta_i = (\gamma_i + \varphi_i) / (1 - \gamma_i - \varphi_i)$（对假设Ⅱ），$\delta_i$ 的实际意义为经济增长模型中服务贸易部门全要素生产率高于非贸易部门全要素生产率的比率，同时假设在非贸易部门中劳动的边际生产率和劳动的平均生产率大体相等。

对于假设Ⅰ，将式（4-7）代入式（4-6）得到：

$$Y_{it} = B_{it} \left[1 + \eta_i \left(\frac{X}{Y} \right)_t \right] X_t^{\theta_i} L_{it}^{\alpha_i} K_{it}^{\beta_i} \tag{4-9}$$

对式（4-9）两边取自然对数有：

$$LnY_{it} = LnB_{it} + Ln\left[1 + \eta_i\left(\frac{X}{Y}\right)_t\right] + \theta_i LnX_t + \alpha_i LnL_{it} + \beta_i LnK_{it} \qquad (4-10)$$

由于当 z 取值较小时，有 $Ln(1+z) \cong z$，因而式（4-10）可近似化为：

$$LnY_{it} = LnB_{it} + \eta_i\left(\frac{X}{Y}\right)_t + \theta_i LnX_t + \alpha_i LnL_{it} + \beta_i LnK_{it} \qquad (4-11)$$

式（4-11）即为服务贸易出口内生技术进步模型的基本形式。

同理，对于假设Ⅱ，我们可以得到：

$$LnY_{it} = LnC_{it} + \gamma_i\left(\frac{M}{Y}\right)_t + \varphi_i LnM_t + \alpha_i LnL_{it} + \beta_i LnK_{it} \qquad (4-12)$$

式（4-12）即为服务贸易进口内生技术进步模型的基本形式。

对于假设Ⅰ，为了研究服务贸易结构对三次产业的作用机制，简单地对总量生产函数进行修改，分别做如下修正：

$$A_{it} = B_{it}(1 + \eta_{i1}PSX_t + \eta_{i2}CSX_t)X_t^{\theta_i} \qquad (4-13)$$

$$A_{it} = B_{it}(1 + \eta_{i3}TSX_t + \eta_{i4}MSX_t)X_t^{\theta_i} \qquad (4-14)$$

其中，PSX_t 和 CSX_t 分别表示 t 时期生产性服务贸易出口占总产出比重和生活性服务贸易出口占总产出比重；TSX_t 和 MSX_t 分别表示传统服务贸易出口占总产出比重和现代服务贸易出口占总产出比重；$\eta_{i1} \sim \eta_{i4}$ 分别表示相应变量的弹性系数，用以度量各类型服务贸易出口部门的生产率比较优势；其他变量和参数定义同基本模型中定义一致。

将式（4-13）和式（4-14）分别代入式（4-6），并按照推导出口内生技术进步模型基本形式的方法分别取自然对数并作近似估计，则有：

$$LnY_{it} = LnB_{it} + \eta_{i1}PSX_t + \eta_{i2}CSX_t + \theta_i LnX_t + \alpha_i LnL_{it} + \beta_i LnK_{it} \qquad (4-15)$$

$$LnY_{it} = LnB_{it} + \eta_{i3}TSX_t + \eta_{i4}MSX_t + \theta_i LnX_t + \alpha_i LnL_{it} + \beta_i LnK_{it} \qquad (4-16)$$

式（4-15）和式（4-16）便是扩展的服务贸易出口内生技术进步模型，

它们分别描述了服务业出口贸易的功能性结构和需求性结构对三次产业的作用机理。

同理，对于假设Ⅱ，作类似的总量生产函数修正，可以得到以下模型：

$$\mathrm{Ln}Y_{it} = \mathrm{Ln}C_{it} + \gamma_{i1}PSM_t + \gamma_{i2}CSM_t + \varphi_i\mathrm{Ln}M_t + \alpha_i\mathrm{Ln}L_{it} + \beta_i\mathrm{Ln}K_{it} \tag{4-17}$$

$$\mathrm{Ln}Y_{it} = \mathrm{Ln}C_{it} + \gamma_{i3}TSM_t + \gamma_{i4}MSM_t + \varphi_i\mathrm{Ln}M_t + \alpha_i\mathrm{Ln}L_{it} + \beta_i\mathrm{Ln}K_{it} \tag{4-18}$$

其中，PSM_t 和 CSM_t 分别表示 t 时期生产性服务贸易进口占总产出比重和生活性服务贸易进口占总产出比重；TSM_t 和 MSM_t 分别表示传统服务贸易进口占总产出比重和现代服务贸易进口占总产出比重；$\gamma_{i1} \sim \gamma_{i4}$ 分别表示相应变量的弹性系数，用以度量各类型服务贸易进口部门的生产率比较优势；其他变量和参数定义同基本模型中的定义一致。

式（4-17）和式（4-18）是扩展的服务贸易进口内生技术进步模型，它们分别说明了服务业进口贸易的功能性结构和需求性结构对三次产业的影响机制。

本部分选取河南省 2001~2018 年的年度数据作为样本空间。对于模型涉及的变量指标的具体选择，三次产业各自的产出 Y_{it} 可选择三次产业各自的增加值表示（单位为亿美元）；三次产业的总产出 Y_t 可选择 GDP 表示（单位为亿美元）；服务贸易总出口 X_t 和服务贸易总进口 M_t 以及其他有关贸易的变量仍然是国际收支口径的服务贸易收入与服务贸易支出等指标（单位为亿美元）；三次产业各自的劳动 L_{it} 可选择三次产业各自的就业人员年底数表示（单位为万人）。三次产业资本存量 K_{it} 的数据由于不易获得以及统计缺失，必须选择合适的替代指标，对于第一产业资本存量 K_{1t}，本书以农业机械总动力作为替代变量（单位为万千瓦）；对于第二产业资本存量 K_{2t}，本书以规模以上工业企业资产总计与建筑业企业资产总计之和的总额作为替代变量（单位为亿美元）；对于第三产业资本存量 K_{3t}（单位为亿美元），本书采用 Gold

Smith（1951）开创的测算资本存量的永续盘存法进行估算，其基本公式为 $K_{3t}=(1-\sigma)K_{3t-1}+I_{3t}$，其中基期资本存量按照 $K_{30}=I_{30}/(g+\sigma)$ 计算，上述两式中，K_{3t-1} 为 $t-1$ 期第三产业资本存量，I_{3t} 为 t 期第三产业固定资产投资额，σ 和 g 分别为经济折旧率和样本期第三产业固定资产投资额实际增速的几何平均值，本书依据张军（2003）所计算和选用的经济折旧率，令 $\sigma=9.6\%$，同时依据样本计算得 $g=17.3\%$。

以上变量数据来源于河南省统计局和外汇局河南省分局的有关统计资料。变量基期选定为2001年，同时为了剔除物价变动对经济变量的影响，利用定基的居民消费价格指数（CPI）对各名义变量进行平减以得到实际变量。此外，根据模型需要以及为消除数据中的异方差，分别对模型中带有量纲的变量的实际数值进行自然对数化处理。

4.2.1.2　实证分析

对服务贸易出口内生技术进步基本模型及扩展模型进行回归分析，结果见表4-4至表4-9。

表4-4　服务贸易出口内生技术进步基本模型回归结果

参数 / 变量	LnY_{1t}		LnY_{2t}		LnY_{3t}	
	系数	T统计量	系数	T统计量	系数	T统计量
LnB_{it}	0.33	0.06*	−14.59	−4.91	9.91	3.87
$(X/Y)_t$	−288.16	−2.33	−99.27	−0.68*	−205.87	−3.51
LnX_t	0.29	2.72	0.10	0.81*	0.17	4.21
LnL_{it}	−0.26	−0.42*	3.27	6.89	−1.44	−3.06
LnK_{it}	0.82	3.75	−0.32	−2.77	0.94	7.92
A−R^2	0.98		0.99		0.999	
D−W	1.92		2.47		1.87	
F	199.20		778.54		4061.26	

注：＊表示在10%的显著性水平上亦不显著。

表 4-5 服务贸易进口内生技术进步基本模型回归结果

参数 / 变量	LnY_{1t}		LnY_{2t}		LnY_{3t}	
	系数	T 统计量	系数	T 统计量	系数	T 统计量
LnC_{it}	3.70	0.54*	-7.01	-2.16	6.05	1.63*
$(M/Y)_t$	24.00	0.34*	-110.05	-2.45	-25.78	-1.57*
LnM_t	0.10	0.45*	0.34	3.11	0.12	3.20
LnL_{it}	-0.74	-0.71*	2.01	3.70	-0.79	-1.11*
LnK_{it}	0.83	2.28	-0.13	-0.93*	0.80	3.95
$A-R^2$	0.98		0.997		0.999	
D-W	1.71		2.34		1.48	
F	191.20		1305.52		3038.71	

注：＊表示在 10% 的显著性水平上亦不显著。

表 4-6 按功能性划分服务贸易出口内生技术进步扩展模型回归结果

参数 / 变量	LnY_{1t}		LnY_{2t}		LnY_{3t}	
	系数	T 统计量	系数	T 统计量	系数	T 统计量
LnB_{it}	0.43	0.08*	-11.41	-3.38	7.60	2.46
PSX_t	-294.19	-2.16	-145.67	-1.04*	-180.32	-2.97
CSX_t	-474.94	-0.33*	-1898.65	-1.76	-884.16	-1.64*
LnX_t	0.30	2.27	0.20	1.53*	0.17	4.22
LnL_{it}	-0.25	-0.38*	2.76	5.11	-1.02	-1.82
LnK_{it}	0.80	2.89	-0.23	-1.90	0.85	6.28
$A-R^2$	0.98		0.995		0.999	
D-W	1.96		2.17		1.96	
F	147.32		710.55		3400.73	

注：＊表示在 10% 的显著性水平上亦不显著。

表4-7 按需求性划分服务贸易出口内生技术进步扩展模型回归结果

参数\变量	LnY_{1t}		LnY_{2t}		LnY_{3t}	
	系数	T统计量	系数	T统计量	系数	T统计量
LnB_{it}	5.41	0.84*	−14.61	−4.77	13.33	3.06
TSX_t	−208.60	−1.56*	−94.50	−0.62*	−256.87	−3.26
MSX_t	−507.43	−2.50	−10.17	−0.04*	−118.32	−1.10*
LnX_t	0.25	2.28	0.09	0.68*	0.19	4.25
LnL_{it}	−0.80	−1.10*	3.26	6.67	−2.03	−2.63
LnK_{it}	0.74	3.32	−0.31	−2.58	1.07	6.07
$A-R^2$	0.98		0.99		0.999	
D-W	2.15		2.47		1.93	
F	169.53		587.33		3235.54	

注：*表示在10%的显著性水平上亦不显著。

表4-8 按功能性划分服务贸易进口内生技术进步扩展模型回归结果

参数\变量	LnY_{1t}		LnY_{2t}		LnY_{3t}	
	系数	T统计量	系数	T统计量	系数	T统计量
LnC_{it}	9.41	1.14*	−7.67	−1.87	3.44	0.91*
PSM_t	278.92	1.26*	−74.90	−0.57*	−130.41	−2.12
CSM_t	119.47	1.15*	−105.36	−2.13	−36.85	−2.23
LnM_t	−0.18	−0.58*	0.31	1.73	0.19	3.62
LnL_{it}	−1.83	−1.34*	2.07	3.40	−0.24	−0.33*
LnK_{it}	1.17	2.58	−0.11	−0.63*	0.61	2.85
$A-R^2$	0.98		0.997		0.999	
D-W	1.62		2.27		1.60	
F	158.77		970.60		2819.00	

注：*表示在10%的显著性水平上亦不显著。

表4-9 按需求性划分服务贸易进口内生技术进步扩展模型回归结果

参数 变量	$\text{Ln}Y_{1t}$		$\text{Ln}Y_{2t}$		$\text{Ln}Y_{3t}$	
	系数	T统计量	系数	T统计量	系数	T统计量
$\text{Ln}C_{it}$	2.40	0.30*	−8.11	−2.21	−0.34	−0.08*
TSM_t	3.80	0.04*	−95.10	−1.88	−44.86	−2.65
MSM_t	−67.82	−0.27*	−4.91	−0.03*	−247.50	−2.40
$\text{Ln}M_t$	0.15	0.56*	0.29	2.06	0.21	4.01
$\text{Ln}L_{it}$	−0.54	−0.44*	2.14	3.66	0.47	0.55*
$\text{Ln}K_{it}$	0.80	2.05	−0.11	−0.77*	0.43	1.73
$A-R^2$	0.98		0.997		0.999	
$D-W$	1.87		2.51		1.29	
F	142.88		1003.44		3129.74	

注：*表示在10%的显著性水平上亦不显著。

进一步地，当不区分三次产业而考察服务贸易出口与服务贸易进口对河南省全省的经济增长作用时，可以将式（4-11）、式（4-12）、式（4-15）、式（4-16）、式（4-17）和式（4-18）中的 Y_{it}、L_{it}、K_{it} 修改为 Y_t、L_t、K_t，它们分别表示全省的GDP、就业人员年底数和基于永续盘存法估算的物质资本存量，以上六式的时间序列回归模型结果如表4-10所示。

表4-10 河南省服务贸易内生技术进步模型回归结果

参数 变量	$\text{Ln}Y_t$ 系数 （T值）	$\text{Ln}Y_t$ 系数 （T值）	$\text{Ln}Y_t$ 系数 （T值）	$\text{Ln}Y_t$ 系数 （T值）	$\text{Ln}Y_t$ 系数 （T值）	$\text{Ln}Y_t$ 系数 （T值）
常数项	37.43 (6.65)	10.31 (0.79*)	31.41 (3.97)	37.51 (6.36)	5.998 (0.49*)	9.27 (0.72*)
$(X/Y)_t$	−257.69 (−3.03)	—	—	—	—	—

续表

参数变量	LnY_t 系数（T值）	LnY_t 系数（T值）	LnY_t 系数（T值）	LnY_t 系数（T值）	LnY_t 系数（T值）	LnY_t 系数（T值）
LnX_t	0.26 (3.84)	—	0.28 (4.01)	0.26 (3.63)	—	—
PSX_t	—	—	−247.52 (−2.91)	—	—	—
CSX_t	—	—	−1144.39 (−1.38*)	—	—	—
TSX_t	—	—	—	−262.24 (−2.74)	—	—
MSX_t	—	—	—	−247.90 (−2.11)	—	—
$(M/Y)_t$	—	−107.76 (−3.07)	—	—	—	—
LnM_t	—	0.40 (3.14)	—	—	0.51 (3.80)	0.44 (3.36)
PSM_t	—	—	—	—	−245.55 (−2.87)	—
CSM_t	—	—	—	—	−134.94 (−3.73)	—
TSM_t	—	—	—	—	—	−124.73 (−3.30)
MSM_t	—	—	—	—	—	−238.71 (−1.98)
LnL_t	−4.08 (−5.75)	−0.67 (−0.40*)	−3.32 (−3.35)	−4.08 (−5.51)	−0.07 (−0.04*)	−0.52 (−0.31*)
LnK_t	0.68 (8.98)	0.33 (1.60*)	0.63 (6.68)	0.68 (8.56)	0.22 (1.07*)	0.30 (1.44*)
$A-R^2$	0.998	0.997	0.998	0.997	0.997	0.997
D-W	1.40	1.22	1.48	1.38	1.65	1.26
F	1817.81	1441.92	1472.55	1344.17	1335.55	1179.23

注：*表示在10%的显著性水平上亦不显著。

4.2.2 服务贸易结构与产业结构的结构变化效应关系

在本部分分析中，将基于结构变化效应原理从结构的动态变化方面继续深入研究服务贸易结构与产业结构的互动性关系，有关结构变化效应原理推导如下：

令 $Y_t = \sum_{i=1}^{n} Y_{it}$，即某一总量指标由 n 个分量指标加总求和而得，该式两边同时取自然对数并对时间求导，则有

$$\frac{\dot{Y}_t}{Y_t} = \sum_{i=1}^{n} \frac{\dot{Y}_{it}}{Y_t} = \sum_{i=1}^{n} \frac{\dot{Y}_{it}}{Y_{it}} \left(\frac{Y_i}{Y}\right)_{t-1} + \sum_{i=1}^{n} \frac{\dot{Y}_{it}}{Y_{it}} \left[\left(\frac{Y_i}{Y}\right)_t - \left(\frac{Y_i}{Y}\right)_{t-1}\right] \qquad (4-19)$$

式（4-19）将总量增长率分解为两项，第一项说明了在分量比重不变条件下总量增长率是由分量增长率决定的，第二项说明了在分量比重变化条件下总量增长率是由分量增长率和分量比重变化率共同决定的。由于式中第二项体现了各分量的结构变化，因而可以用于度量总量的结构变化效应。

在计算出河南省服务贸易及产业发展的结构变化效应后，则可以继续选择非结构建模法 VAR 进行关联性分析。本部分所选样本空间为 2002～2018年，相关变量分别是产出结构变化效应（OSE）、就业结构变化效应（ESE）、按功能性结构划分的服务贸易收入变化结构效应（FIE）和服务贸易支出变化结构效应（FEE）、按需求性结构划分的服务贸易收入变化结构效应（DIE）和服务贸易支出变化结构效应（DEE）。样本变量原始数据来源同前，且均是基于实际变量数值的计算。

首先，对各结构变化效应水平值序列及其一阶差分值序列进行 ADF 单位根检验，其结果见表 4-11。

由表 4-11 可见，除了 ESE 外，各变量原始序列均为平稳序列。

其次，建立 VAR 模型。根据 Lag Length Criteria 将 VAR 模型最优滞后阶数确定为 1，于是可构建如下两个 VAR 模型：

表 4-11 平稳性检验结果

变量	ADF 检验值	检验类型（C，T，L）	1%显著性水平临界值	结论
OSE	−3.59	(C, 0, 3)	−3.12	平稳
ESE	−1.58	(C, 0, 1)	−3.96	不平稳
FIE	−6.78	(C, T, 2)	−4.80	平稳
FEE	−4.35	(C, T, 2)	−3.79	平稳
DIE	−3.61	(C, 0, 0)	−3.07	平稳
DEE	−4.22	(C, 0, 2)	−2.74	平稳

注：（C，T，L）中的 C、T、L 分别表示模型中的常数、时间趋势和滞后阶数。

$$\begin{bmatrix} OSE_t \\ FIE_t \\ FEE_t \end{bmatrix} = \begin{bmatrix} 0.09 & 2.94 & 0.34 \\ 0.09 & 0.05 & 0.02 \\ -0.02 & 0.16 & 0.43 \end{bmatrix} \begin{bmatrix} OSE_{t-1} \\ FIE_{t-1} \\ FEE_{t-1} \end{bmatrix} + \begin{bmatrix} 0.05 \\ -0.02 \\ 0.13 \end{bmatrix} \qquad (4-20)$$

$$\begin{bmatrix} OSE_t \\ DIE_t \\ DEE_t \end{bmatrix} = \begin{bmatrix} 0.12 & 0.19 & 0.43 \\ 0.15 & -0.20 & 0.12 \\ 0.23 & -0.38 & 0.05 \end{bmatrix} \begin{bmatrix} OSE_{t-1} \\ DIE_{t-1} \\ DEE_{t-1} \end{bmatrix} + \begin{bmatrix} 0.20 \\ 0.03 \\ -0.01 \end{bmatrix} \qquad (4-21)$$

由式（4-20）结果可知：河南省当期的产出结构变化受滞后 1 期的按功能性结构划分的服务贸易收入变化的显著正向影响，而滞后 1 期的按功能性结构划分的服务贸易支出变化对当期的产出结构变化正向影响较小，滞后 1期的产出结构变化对当期的产出结构变化正向影响最小；按功能性结构划分的当期服务贸易收入变化主要受滞后 1 期的产出结构变化正向影响；按功能性结构划分的当期服务贸易支出变化主要受滞后 1 期的自身结构变化正向影响。同理，式（4-21）表明：河南省当期的产出结构变化受滞后 1 期的按需求性结构划分的服务贸易支出变化的显著正向影响，而滞后 1 期的按需求性结构划分的服务贸易收入变化对当期的产出结构变化正向影响较小，滞后 1

期的产出结构变化对当期的产出结构变化正向影响最小；按需求性结构划分的当期服务贸易收入变化以及当期服务贸易支出变化则都主要是受滞后 1 期的产出结构变化正向影响。

再次，进行脉冲响应分析。由图 4-6 和图 4-7 可见，OSE 在初期主要受到其自身和 FEE 的正向冲击影响，FIE 在初期主要受到其自身以及 OSE 和 FEE 的正向冲击影响，FEE 在初期主要受到自身的正向冲击影响，DIE 在初期主要受到其自身和 OSE 的正向冲击影响，DEE 在初期则主要受到 OSE 和其自身的正向冲击影响。以上情况表明，产出结构主要受自身变动影响，服务贸易收入主要受产出结构以及自身的变化影响，服务贸易支出的变化比较复杂。

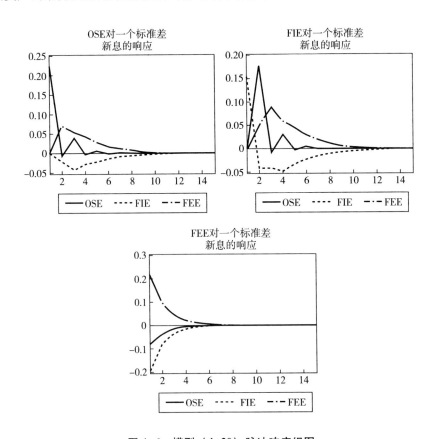

图 4-6 模型（4-20）脉冲响应组图

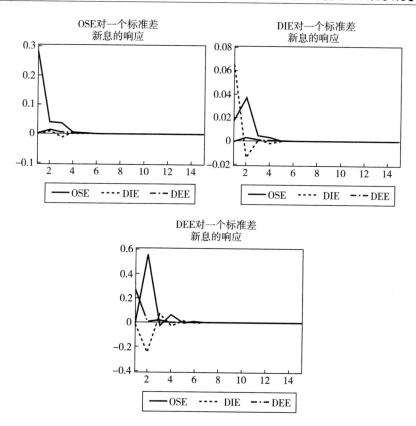

图 4-7 模型 (4-21) 脉冲响应组图

最后，进行方差分解。图 4-8 和图 4-9 进一步明确了各变量受到的扰动影响因素情况，其基本结论同前所述。

4.2.3 主要结论

以上分析结果表明了以下三点：

第一，从面板数据模型分析结果来看，在大多数情况下，各服务贸易出口结构部门以及进口结构部门的生产率水平较低，涉外性质的服务贸易部门整体上依然对相对封闭的国内其他部门产生了正的技术外溢影响。此外，劳动力对第二产业发展起到了极大的促进作用，但在第一产业和第三产业中的

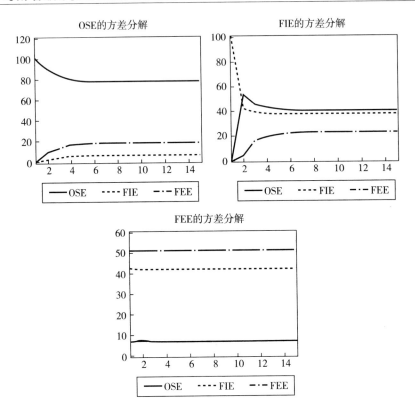

图4-8　模型（4-20）方差分解组图

作用为负，而资本在三次产业中的作用与劳动力正好相反，这说明河南省以制造业为主的第二产业依然较为粗放。

第二，从全省的时间序列模型分析结果看，其结论与面板数据结论一致，即服务贸易部门生产效率较低但存在正向的技术外溢效应，而劳动力对河南省经济增长总体作用为负，资本对河南省经济增长总体作用为正，这说明河南省经济增长的人口压力较大而资本作用十分显著。

第三，河南省产出结构的变动受其自身影响较大，河南省服务贸易出口的变动则主要受产出结构变动以及其自身变动的影响，而河南省服务贸易进口变动的影响因素则较为复杂。

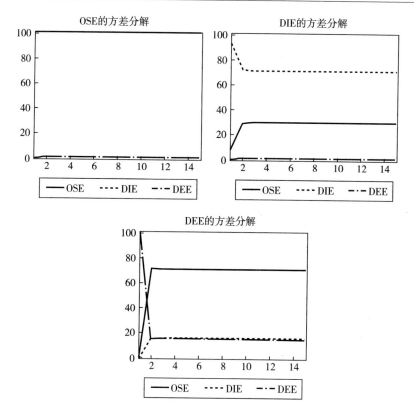

图 4-9 模型（4-21）方差分解组图

4.3 河南省服务贸易发展的技术效率研究

4.3.1 理论模型

服务贸易的技术效率是指服务贸易在投入和产出方面的效率。目前，关于效率测度的研究主要集中在指标体系设计和测度方法论选择的差异性。从估计技术角度区分，主要有非参数和参数两种前沿效率测度技术，其中：前者以数据包络分析（Data Envelopment Analysis，DEA）为代表，该技术是由 Farrell（1957）首次提出，并经过 Fried 和 Lovell（1994）、Tavares（2002）和 Cooper 等（2004）的拓展而最终形成的投入—产出框架下的效率评估方法；后者则以随机前沿分析（Stochastic Frontier Analysis，SFA）为典型，它又基于随机扰动项的影响力假设具体分为确定性方法和随机性方法。尽管 DEA 由于忽视随机扰动因素的作用而在效率测算的稳定性方面较 SFA 有所弱化，但 DEA 的约束限制较少，灵活性较大，具体表现为：①不用对函数的具体形式进行预设定；②只要样本数量充足，不受投入指标和产出指标的维度限制；③数据处理过程不需要考虑指标的量纲差异且不受主观性因素干扰。因此，考虑到本书研究对象样本的有限性和数据的可得性，将采用 DEA 进行实证研究。

DEA 本质上是线性规划问题的求解，其具体思想是：

假设有 n 个 DMU，每个 DMU 都有 m 种投入和 s 种产出，以 x_{ij} 表示第 j 个 DMU 的第 i 种投入总量，以 y_{rj} 表示第 j 个 DMU 的第 r 种产出总量，其中，$i=1, 2, \cdots, m$；$j=1, 2, \cdots, n$；$r=1, 2, \cdots, s$。第 j 个 DMU 的投入和产出向量分别为 $X_j=(x_{1j}, x_{2j}, \cdots, x_{mj})^T$ 和 $Y_j=(y_{1j}, y_{2j}, \cdots, y_{sj})^T$。DEA 的核心在于试图确定 n 个 DMU 的最佳组合，并在满足其产出水平大于或等于第 j_0 个 DMU 产出水平的前提下实现投入最小化，故模型的线性规划表达如式（4-22）所示。

$$(P)\begin{cases} \min\theta = V_D \\ \text{s. t.} \sum_{j=1}^{n} \lambda_j X_j \leqslant \theta X_{j_0} \\ \quad \sum_{j=1}^{n} \lambda_j Y_j \geqslant Y_{j_0} \\ \quad \lambda_j \geqslant 0, \ j = 1, 2, \cdots, n \end{cases} \xrightarrow{\text{引入松弛变量}} (P)\begin{cases} \min\theta = V_D \\ \text{s. t.} \sum_{j=1}^{n} \lambda_j X_j + S^- = \theta X_{j_0} \\ \quad \sum_{j=1}^{n} \lambda_j Y_j - S^+ = Y_{j_0} \\ \lambda_j \geqslant 0, \ j = 1, 2, \cdots, n \\ \quad S^+ \geqslant 0, \ S^- \geqslant 0 \end{cases}$$

$$(4\text{-}22)$$

式（4-22）中，$\lambda_j(j=1, 2, \cdots, n)$ 表示 n 个 DMU 的组合权重，$\sum\limits_{j=1}^{n}\lambda_j X_j$ 和 $\sum\limits_{j=1}^{n}\lambda_j Y_j$ 分别表示虚构 DMU 的投入和产出，X_{j_0} 和 Y_{j_0} 分别表示所评价的第 j_0 个 DMU 的投入和产出，$S^- = (s_1^-, s_2^-, \cdots, s_m^-)^T$ 和 $S^+ = (s_1^+, s_2^+, \cdots, s_s^+)^T$ 分别表示松弛变量。可以证明：当参数满足 $\theta^* = V_D = 1$ 且 $S^{*-} = S^{*+} = 0$ 时，第 j_0 个 DMU 为 DEA 有效；当参数仅满足 $\theta^* = V_D = 1$ 时，第 j_0 个 DMU 为弱 DEA 有效；当参数 $\theta^* = V_D \neq 1$ 时，第 j_0 个 DMU 为非 DEA 有效。

由于条件 $S^{*-} = S^{*+} = 0$ 不容易判定，因此，有必要对式（4-22）进行变形转换，利用具有非阿基米德无穷小 ε 的 CCR 模型求解参数 λ^*，S^{*-}，S^{*+}，θ^*。令 $\hat{E} = (1 \cdots 1)_{1 \times m}^T$ 和 $E = (1 \cdots 1)_{1 \times s}^T$ 表示单位向量，则该模型见式（4-23）。

$$(P_\varepsilon)\begin{cases} \min[\theta - \varepsilon(\hat{E}^T S^- + E^T S^+)] = V_D \\ \text{s.t.} \sum\limits_{j=1}^{n}\lambda_j X_j + S^- = \theta X_{j_0} \\ \sum\limits_{j=1}^{n}\lambda_j Y_j - S^+ = Y_{j_0} \\ \lambda_j \geq 0, j = 1, 2, \cdots, n \\ S^+ \geq 0, S^- \geq 0 \end{cases} \qquad (4\text{-}23)$$

若在 CCR 模型的约束中加入 n 个 DMU 的组合权重之和等于 1 的条件，则得到式（4-24）所示的 BCC 模型：

$$(P_\varepsilon)\begin{cases} \min[\theta - \varepsilon(\hat{E}^T S^- + E^T S^+)] = V_D \\ \text{s.t.} \sum\limits_{j=1}^{n}\lambda_j X_j + S^- = \theta X_{j_0} \\ \sum\limits_{j=1}^{n}\lambda_j Y_j - S^+ = Y_{j_0} \\ \sum\limits_{j=1}^{n}\lambda_j = 1 \\ \lambda_j \geq 0, j = 1, 2, \cdots, n \\ S^+ \geq 0, S^- \geq 0 \end{cases} \qquad (4\text{-}24)$$

4.3.2 实证研究及主要结论

选取 2001~2018 年河南省的服务贸易总计（单位为亿美元，国际收支口径）作为产出指标，以代理变量服务业就业人员年底数（单位为万人）和服务业资本存量（单位为亿美元）作为投入指标，指标数据均已处理为实际变量，数据来源于河南省统计局与外汇局河南省分局。

在 DEA 的内部算法选择方面，基于可变规模报酬假设的投入主导型 BCC 模型对样本期的决策单元以多阶（MULTI-STAGE）算法进行效率的数值分析，其 DMU 的数量符合 Soteriou 和 Zenios（1998）以及 Dyson 等（1998）提出的样本容量应当至少大于投入指标与产出指标的乘积这一一般规则。求解的效率评估结果见表 4-12 和图 4-10。

表 4-12　2001~2018 年河南省服务贸易的效率分解

年份	综合技术效率	纯技术效率	规模效率	规模报酬状况	结论
2001	0.521	1	0.521	递增	非 DEA 有效
2002	0.389	0.959	0.406	递增	非 DEA 有效
2003	0.426	0.936	0.455	递增	非 DEA 有效
2004	0.473	0.888	0.533	递增	非 DEA 有效
2005	0.517	0.855	0.605	递增	非 DEA 有效
2006	0.523	0.843	0.620	递增	非 DEA 有效
2007	0.838	0.933	0.898	递增	非 DEA 有效
2008	1	1	1	不变	DEA 有效
2009	0.892	0.939	0.951	递增	非 DEA 有效
2010	1	1	1	不变	DEA 有效
2011	0.932	0.942	0.989	递增	非 DEA 有效
2012	0.941	0.948	0.993	递增	非 DEA 有效
2013	0.967	0.973	0.993	递增	非 DEA 有效
2014	1	1	1	不变	DEA 有效
2015	0.982	0.986	0.996	递减	非 DEA 有效

年份	综合技术效率	纯技术效率	规模效率	规模报酬状况	结论
2016	1	1	1	不变	DEA 有效
2017	0.890	0.898	0.991	递增	非 DEA 有效
2018	0.837	0.846	0.989	递增	非 DEA 有效

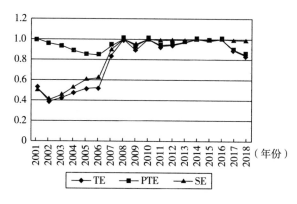

图 4-10 2001~2018 年河南省服务贸易的效率变化

由以上分析结果可知，在样本期间，除了 2008 年、2010 年、2014 年和 2016 年河南省服务贸易实现了 DEA 有效外，其余 14 年河南省服务贸易都没有实现 DEA 有效。从总体变动情况看，除了 2017 年和 2018 年服务贸易综合技术效率有所降低外，整个样本期间综合技术效率总体呈现上升趋势，且以次贷危机为界明显表现出效率快速提升与效率稳定发展两个阶段性特征，其中对应于第一阶段的成因主要是河南省服务贸易规模效率过度低下，对应于第二阶段的成因则主要是服务贸易规模扩大到了接近较高效率水平，虽然非效率扰动受纯技术效率和规模效率共同影响，但纯技术效率偏离有效水平幅度更大。DEA 规模报酬状况的分析结果还进一步表明，绝大多数年份河南省服务贸易的发展都处于规模报酬递增阶段，这反映出服务贸易的规模和质量在河南省尚且处于发展提升的初级阶段，要实现贸易模式转型特别是服务贸易的高质量发展对河南省而言仍然是任重道远。

5 国内外服务业扩大开放的经验与启示

5.1 国外发达国家经验

现如今，全球范围内服务业的快速发展已经逐渐成为拉动经济增长的重要动力。自 21 世纪以来，服务贸易领域蓬勃发展，增长趋势超过了商品贸易。"服务立国"一直是发达国家所推崇的发展方式，在发达经济体中，服务业约占 GDP 的 70%，相比于 1950 年的 40%，贡献占比扩大了将近 1 倍。2019 年底，中国服务业占 GDP 比重 53.9%，这个数值相较于大多数发达国家服务业所占 GDP 比重 70% 来看，仍然有一定差距。按照我国的经济发展势头与市场规模来看，我国的服务业具有很大的发展空间。进一步提高服务业的经济贡献体量，是应对我国当下经济增长压力不可忽视的举措。河南地处中原，受多种因素制约，服务业在河南省的发展水平不高。因此，河南省在推动产业加大利用外资的同时，也要学习发达国家发展过程中的经验，大力推动服务业扩大开放。

5.1.1 美国服务业扩大开放的经验与启示

作为当今世界最发达的国家，美国的服务业与服务贸易同样在全球市场中占有重要地位，包括信息产业、零售、交通、仓储、金融、保险等在内的十大类行业。目前，美国的服务贸易长期保持顺差，服务业对全美经济的拉动量日益增多。此外，巨额的服务贸易顺差弥补了货物贸易的逆差，对美国的对外贸易状况做出了长久改善；美国政府带头促进重点服务产业出口，行业与社会共同努力，保持其竞争优势，服务贸易在高速发展中不断优化改革，知识与技术密集型的服务贸易具有很强的竞争优势。

5.1.1.1 全方位多角度保障服务出口

在促进本国服务业发展方面，美国具有很多独特的特点。第一，对于重点服务出口行业的综合竞争优势进行提高，上至美国政府，下至美国公司企业都大力支持服务业与服务贸易出口板块的投资与运营，配套的科技研发、教育投入与人才引进都得到了有关部门与投资方的高度重视。第二，为本土服务业发展建立优良的内部环境。国家从宏观层面出发，通过政策与法律手段建立起有效的市场运营环境，为服务业的良性发展做好铺垫，如综合性法案的《外贸法》《贸易与关税法》《综合贸易与竞争法》，也包括属于行业性法律法规的《国际银行法》《航运法》《金融服务公平交易法》《电讯法案》等。第三，实施有针对性的扶持与鼓励策略。针对一些国家技术垄断环节，适当放宽了技术壁垒，以国家级技术带动的形式促进相关服务业的发展。对于优势企业与重点行业，根据其不同的产业特征与消费市场制定符合需求的有效政策与策略。

5.1.1.2　强大的人才储备与就业市场

美国对创新与人才的重视在当今世界同样首屈一指。一方面政府与社会倚重投资正规教育对国家带来的回报；另一方面对继续教育同样重视，企业依据自身特色，对员工进行各式培训，依照岗位与需求的不同开展不同的继续教育。不仅如此，当局部门为了降低中小企业发展的门槛，最大化地激发中小企业的发展潜力，给予其很多咨询业务帮助，其中涵盖了价格很低的国际市场调研服务和咨询服务。

5.1.1.3　完善的政策体系

美国建立了一套完整的指导方针与策略来保障服务产业的健康高效发展。在顶层设计上，推行"服务先行"出口策略。美国通过打造非常发达的服务出口促进体系，来使服务贸易促进的相关政策得到有效的实施。在经济外交上，加强贸易谈判，打开国外市场。对于美国来说，他国的服务贸易政策体系体现了美国服务业在制度上的框架，包括单边自主政策、双边区域及多边的服务贸易政策体系。在宏观层面上，美国服务行业坚持资本主义市场所坚持的自由开放政策原则，政策上支持大多数境外直接投资，但同时对外资进入服务业也进行了一定的政策约束。这些约束体现在针对外资的市场准入的限制以及境外资本的调查审计和并购监管制度，从准入限制到资本调查再到运营监管"三位一体"，形成了层次有序、防守严密的"安全网"。在内部环境上，构筑完善的国内服务体系。美国为推动服务出口逐渐形成了以下四大体系：首先，总统直接领导与管理的出口理事会，对服务业具有咨询、协调与决策职能。其次，国家机关（美国商务部与开发署）构建的横向服务促进体系。再次，地方部门与组织构建的纵向服务体系，如出口扶助中心等。最后，民间组织（如服务行业联合会、出口理事会、出口法律援助站等）构建的出口服务体系。综上所述，美国上至国家，下至个人都为服务出口做出了大力支持，保障了各项制度的运行。此外，国家拥有完善的法律制度，进一步保障了本国服务贸易的健康发展。同时，真实可靠的数据与分析报告不仅有益于政策的制定完善与调整，还对国家的对外谈判具有现实意义，更对企业本身日后开展业务做出了重要的考量依据。美国不但在服务贸易统计领域走在世界前列，在相关研究方面同样处于领先水平。

5.1.2　英国服务业扩大开放的经验与启示

英国作为老牌资本主义强国、西方工业革命的发源地，多年来，三类产业对国内生产总值的贡献量一直是服务业大于工业大于农业，如今英国的第三产业对国内生产总值的贡献量大于70%，是国家高度重视的支柱产业。

5.1.2.1　大力发展生产性服务业

英国曾是老牌制造业强国，但是自从20世纪中后期以来，受英国国内发展政策的影响，其第二产业的产值与就业人数都出现了下滑，国际贸易的快速发展使英国本土生产的产品在国际上的竞争力减弱。基于这种形势，英国政府主动调整服务业在本国经济结构中的地位，扩大服务业就业岗位，吸收劳动力，带动服务业产值，使其逐步成为英国的重要产业。其中英国的生产性服务业随着实力的不断增长，逐步在世界上处于领先地位，这大大增强了英国的国家实力与国际地位。另外，受生产性服务贸易的快速发展影响，英国的货物贸易与其逐渐形成了融合趋势。如英国的计算机与信息科学类服务贸易在全球范围内都具有不俗的实力，这类行业与制造业相辅相成，计算机科学类服务业给英国的制造业提供服务，从而带动生产效率增长，一方面促进了产业进步，另一方面提高了货物贸易体量，货物贸易反过来又促进了生产性服务贸易的增长，形成良性的促进循环机制，具体表现为货物贸易中常常会涉及的企业保险、咨询与融资等服务。伦敦作为欧洲金融中心，本就在金融领域具有很强的实力，所提供的专业服务同样促进了英国生产性服务贸易的发展。在政策体系方面，英国政府宏观把控，使几乎所有的生产性服务行业都有一套完整的发展、管理与监控制度，如保险行业，英国设立了独立机构——金融服务管理局，对保险业进行管理与引导。此外，其他行业也同样协助政府制定政策、提供信息咨询服务、维护市场秩序，起到了对行业的协调管理作用。随生产性服务业的逐渐发展，英国通过商业、创新与科技等部门设定了合理的推动政策，加强业内人才培养力度，提高培养水平。如金融服务业对英国的经济发展举足轻重，政府部门帮助金融企业开展员工培训业务，提高员工专业技能，鼓励金融业的人才建设。此外，政府还会采取多种措施来吸引境外人才流入，服务于本国的生产性服务行业。以计算机信息服务业为例，政府放宽对该领域内的专业技术人才的劳资签证申请，保证了行业内的人才供给，同时还成立专项基金，支持该领域的人才从事技术研发工作，这样一系列政策举措不但增强了行业内的人才竞争力，而且为生产性服务贸易的开展奠定了人才基础。

5.1.2.2 实行有效的发展规划

英国从工业转型时期开始，就一直以政策为指导，发展服务行业。2008年，政府颁布了国家级政策文件《创新国家》，文件中讲到要使英国成为世界上服务业创新的标杆国家，并为全球提供最优质的商业与公共服务。具体内容强调以创新为出发点，通过技术创新、模式创新等创新手段来带动生产性服务企业的持续发展，保障英国服务业的世界领先地位。在国家创新政策的引导下，政府部门执行有力的落地措施，如国家技术基金会、创新设计委员会等部门在生产性服务企业的发展中提供了多种帮助。一方面，提供和设立充裕的研究基金，给社会和企业侧面整合了资本、技术与劳动力资源；建立多种类、多类别、全覆盖的创新研究平台、知识转移网络等项目，推动生产性服务企业的基础建设。另一方面，政府出面整合专业信息资源，直接对接专家组织团队，帮助生产性服务企业投入创新生产工作。例如，政府的专家团队能够为服务企业提供从员工到生产再到销售的全方位的指导意见，进而增强了企业内部的创新实力以及外部的竞争力。因此，英国政府为如今英国生产性服务业在国际上的领先地位做出了突出的贡献。

5.1.2.3 完善的政策体系

英国政府在 20 世纪 80 年代进行金融服务国际化改革，通过倡导并推进金融自由化，使英国金融服务实现全面对外开放，这一举措逐渐吸引大批国外金融机构进驻英国。在激烈的国际竞争中，不但整顿了英国金融市场的结构，优化了市场秩序，而且在无形中增强了英国金融服务业在欧洲本土甚至全球的竞争力，为此后金融服务贸易的快速发展奠定了坚实的基础。如今，英国具备完善且制度化的服务贸易管理链。一是全面覆盖的服务贸易管理体制。在英国，任何一个服务行业都有各自的上级管理机构与发展改革机构。二是完善的税收制度。英国政府为服务业的发展提供了舒适的税收环境，对于服务贸易，政府的宗旨是减少税收扭曲，尽可能防止因税收因素造成的企业决策失误；不断提高企业内部的生产效率，增强公司的整体实力；制定合理的税收法律，保障公司的利润与市场环境；坚持低税率、宽税基的方针，同时取消不合时宜的税收。

5.1.3 德国服务业扩大开放的经验与启示

在多数人的认知中，德国只是一个工业大国，其强大的工业基础以及享誉全球的制造业正带领着德国的经济前进。殊不知经过多年的发展，德国当前俨然已是全球为数不多的服务业大国。正是德国服务业的持续增长，对国民经济发展的稳定贡献，促进了德国经济的健康发展。

5.1.3.1 合适的政策方针

现如今高速发展的服务业是德国经济发展的中坚力量，即便拥有众多世界著名的制造业品牌与产品，服务业仍然对国民经济具有很高的贡献，仍旧是德国经济发展的重要产业。依据商务部报告，德国服务业近年来对其国内生产总值的贡献比重都高于70%，随之带来了巨大的就业市场需求，服务业就业人数也因此增多。除了传统的金融、保险与旅游服务外，德国的会展服务业发展速度也十分迅猛，具有大规模、高度集中、本土特色显著等特征。与众多服务贸易发达的国家一样，德国发达的服务业基础为服务贸易的发展提供了优良的环境。此外，德国政府为服务贸易的高效发展建立了完善的管理体制与法律制度。首先，在德国，每个服务业领域都有相对应的政府部门负责管理，对于情况特殊的涉外服务贸易也会有专门的委员会具体管理。其次，受益于德国人历来的严谨有序风格，德国的各行各业都拥有话语权很高的协会与组织，这些具有较高专业性的组织与政府部门相结合，制定出更有益于行业发展的政策法规与行业规划，在行业的发展中发挥着重要作用。

5.1.3.2 将具有自身优势的服务贸易展会发扬光大

德国是世界著名的博览会国家，德国的服务贸易展会在国际上同样享有盛名，德国政府与企业充分结合自身优势，发展出如汉诺威国际工业展览会、汉堡国际风能展览会、慕尼黑国际电池储能与智慧能源博览会、法兰克福消费品展览会、杜塞尔多夫国际医疗博览会等一系列世界先进的服务贸易展会。德国会展行业如今在全球首屈一指，不仅是会展公司与行业协会共同努力合作的结晶，政府早期的重视同样功不可没，现在德国各大城市的政府都视会展为当地吸引外汇、获得税收的重要行业，并将培育展会、发展经济、增加就业作为长期的战略目标。

5.1.3.3 政府要积极发挥在服务业发展中的作用

德国高度发达的服务业除了先进的企业、成功的市场经营外，政府在其

中的作用也举足轻重。德国政府对一些关键的服务行业与领域实行严格的准
入机制，以促进本土行业的发展。此外，政府还会通过财政手段、法律手段、
金融手段与移民手段来促进本土服务业的发展。在财政上通过税收等方式鼓
励与支持有关企业。法律方面，德国政府在国家一级法律的基础上出台了一
系列行业法，为服务业的发展提供了一个良性的平台与环境。2000 年德国颁
布的《服务业统计法》进一步完善了服务业的统计需求，规范的统计制度有
助于国家和行业充分了解自身的状况，为日后科学制定政策与发展规划提供
了有效保障。除了重视本国的教育以外，德国政府还制定了一系列的移民政
策，从世界范围内吸引高素质的人才为本国服务业效力。

5.1.4 法国服务业扩大开放的经验与启示

法国的现代服务业黄金发展时期起始于 20 世纪六七十年代，发展至今，
除了著名的人文自然景观外，发达的服务业也是吸引游客的主要原因之一。
时至今日，法国依旧是很多游客欧洲旅行的"第一站"。除了高度发达的服
务业以外，法国在服务贸易领域依然处于世界领先地位。

5.1.4.1 健全的法律体系

作为欧盟核心成员国之一，法国拥有健全的与服务贸易相关的法律体系，
法国服务贸易相关法律主要为世界贸易组织的多边贸易体系规则、欧盟与第
三方的贸易协议、欧盟成员国内部义务及本国的外资政策与规则等。一方面，
欧盟作为一个成熟且发达的经济体，法国执行其贸易政策与法律；另一方面，
法国的服务业内部机制与法律健全，且不断结合经济发展的实际及时进行修
订和补充。法国的服务贸易体系与有关法律同样全面高效。法国政府在法律
实施中同时还保障了过程的透明与公开，便于社会监督。另外，为了便于服
务贸易的良性发展，法国各地方部门均按照相同的原则来制定法规。

5.1.4.2 发挥优势企业的作用

法国是一个名牌产品荟萃的国家，从日用品到奢侈品，从汽车到飞机，这些名牌分布于各个领域。就服务业而言，法国企业也依托着日积月累的品牌与市场优势，在市场中占有一席之地。零售行业有世界五百强前列的家乐福超市和欧尚超市；电信行业有法国电信和阿尔卡特等；交通运输行业有法国航空公司和法国国营铁路公司；银行和金融业则有巴黎国民银行、法国兴业银行、法国农业信贷银行、安盛保险公司等名牌企业。这些极具竞争力的企业为法国的服务贸易出口提供了有力的支持。

5.1.4.3 合理的政策制度

法国政府在法国服务贸易出口中所扮演的角色同样重要。作为政策的制定者与管理者，法国政府结合多年来的市场经验总结制定出了一套符合自身实际情况的四个层次的管理体制，从管理层到监督层分别为制定服务贸易政策的主管部门、承担跨行业政策协调职能的机构、行业自律的中介组织和专业的统计机构，四级部门分别具有执法权、监督权、行业内审查权以及专业的统计权，形成了"四位一体"的管理监督体系。特别是行业内公会，不仅需要从事企业的经营服务工作，还具有制定行业内规范的职责，行业内公约一经相关方通过就具有法律效力，在出现问题后，公会同样会成立行动组与企业和政府共同研究应对措施。另外，即便是市场高度开放、在世界上具有很强竞争力的法国服务贸易行业，依旧为本土竞争力不足的服务业采取了相应的保护措施。

5.1.5 日本服务业扩大开放的经验与启示

日本的服务质量举世闻名，谈到日本的服务质量，并不是直接指日本民众的素质，而是指日本的服务行业。不论是日本政府还是日本企业，都对服务质量管理十分重视，久而久之形成了独具特色的"日式"服务。与此同时，日本的服务业体量在国内生产总值高占比的基础上始终保持着稳定的增长趋势。

5.1.5.1 注重人才培养与科技研发

日本在推进服务业与服务贸易发展时，采取了多种措施来培养对口人才，从人才的培养到继续教育以及薪资待遇等方面共同保障行业的发展。从日本的近现代史发展就可以看出，日本十分注重科学技术的研发，许多科技领域在世界上首屈一指。由于特殊的地理位置和有限的国土资源，日本在许多贸易中都处于高度逆差地位，但日本充分评估了自身在服务贸易发展中的方向，走向了一条知识和技术密集型的正确道路，全面的知识产权以及高科技含量的产品又让日本在竞争激烈的贸易市场中占有一席之地。

5.1.5.2 维护企业的长久竞争力

日本在金融领域的公司多年来都是《财富》500强榜单上的常青树，如日本邮政控股公司、软银集团等。实际上，政府支持了日本金融服务贸易的早期发展与原始积累。首先，政府吸引先进的金融机构入驻本国市场，促进本国金融市场的结构调整与升级。其次，日本政府采用税收的方式增加了外资在日本进行金融贸易的成本，有效阻拦了外资对日本金融、保险市场的冲击。最后，关于在金融自由化过程当中出现的一些问题，有的放矢地去解决这些问题。这些举措大大增强了日本本土金融企业的实力，提高了企业服务贸易的国际竞争力。不但针对关键行业与企业，日本政府同样支持中小企业的发展，建立完善的法律规范体系，放宽中小企业的融资政策，采用较低的税收政策以鼓励中小企业的发展，形成产业集群。

在日本的商业文化中，关于服务意识与服务文化的训练渗透到各个领域。长久以来，日本服务业与欧美现代服务业进行了广泛的接触。因此在许多行业中，日本成功地吸取了经验并进行了本土化的创新。此外，我们应关注到，日本的服务业同制造业一样，具有精益化的趋向。

5.1.6 韩国服务业扩大开放的经验与启示

作为东亚五国除日本外的另一个发达国家，韩国的服务业发展水平长期处于世界前列。韩国许多业内人士依旧将服务业视为韩国经济向更高层次发展的主要推动力，大力发展服务贸易是拉动韩国经济增长的重要动力。

5.1.6.1 制定长久的服务业发展规划

自 21 世纪以来，韩国政府大力规划布局服务业的发展。早在 2003 年，政府会议通过了高附加值化方针规划；一年以后又取消了 400 余项有碍服务业发展的政策。从 2005 年开始政府先后议定了 26 个部门的现代服务业发展规划。2008 年出台了三阶段服务贸易促进体系。依据三阶段促进内容，韩国确定优先发展的优势服务贸易行业为体育业、游戏产业、数码广播业、流通业等 11 个先行行业，同时制定了有针对性的支持政策与出口战略以保证行业的国际竞争力。另外，韩国还出台了多个薄弱领域的扶持促进方案，通过政府帮助企业逐步站稳市场。不仅是服务贸易促进政策与国内行业的保护政策，2008 年出台的促进体系对服务贸易统计的完善同样做了重点布局与规范。

5.1.6.2 实行有效的促进机制

韩国作为一个较晚步入发达国家行列的国家，第二产业在国内经济的比重要高于日本与欧美先进发达国家。为缩小与顶级发达国家的差距，韩国政府施行了一系列政策，例如：改革服务业适用的电费标准；缩小服务业土地与其他行业的土地负担差别；缩小服务业与制造业的待遇差别；等等。对于本土中小企业，政府同欧美国家一样，设立了针对规模不大的服务企业的捐助基金会，同时对知识创新型服务业提供进一步的资金支持，扩大了知识密集型服务行业在法律中的使用范围。

5.1.6.3　完善的人才培养与管理体系

人力资源是长期发展服务贸易的重要动力，韩国采取了多种措施以确保人力资源供给，主要有以下举措：一是由国家普查市场需求，制定中期教育方针与规划；二是由相关的各个行业的主管部门以及有关人员及专家共同拟定"服务业人才培养体制完善计划"；三是由学校与教育机构落实教学与培训；四是建立网络平台，将服务业人才信息统一管理。

5.1.7　国外发达国家服务业扩大开放对河南省的启示

国外发达国家在当今世界服务贸易出口领域占据了重要地位，这些发达国家的服务业普遍经历了数十年的发展历程，之所以能够取得今天的成绩，不仅受益于市场的长久发展，政府部门与社会团体在其发展过程中同样扮演了重要角色。对于我国与河南省来说，大力推动服务业扩大开放，要学习发达国家的成功经验，结合自身特色，制定出一套完整有效的发展策略，为我国服务贸易创建良好的市场环境。通过总结前文所述六个发达国家的服务贸易扩大开放经验可以为河南省服务业扩大开放得出以下几点启示：

第一，发挥政府的引导作用。政府作为宏观政策制定者以及市场的监督者，即使是在奉行自由贸易政策的资本主义发达国家，同样参与并引导了本国服务业扩大开放的各个环节，美国政府为本国服务业的发展制定了一系列的促进策略与扶持策略，英国与韩国政府在促进发展服务业与服务贸易中都有成文的长期战略规划，这些发达国家的政府在本国扩大服务贸易出口时基本都制定了适宜的发展政策，采取了有效的促进措施。

第二，在发展中注意"扬长避短"。从全球服务贸易市场可以看出，几乎每个发达国家都在某个或多个领域具有很大的优势，其在这些领域的出口中为本国带来了十分可观的贸易顺差，如美国与英国在金融行业，日本在保险行业等。同时，这些发达国家又不约而同地在本国的一些薄弱领域设置了针对外来企业的政策限制和对本国的发展扶持政策。河南省在发展服务贸易时需要充分认识自身的优劣，大力发展具有自身特色的高品质服务行业，发展河南省现有的优势企业，对于河南省薄弱的领域采用恰当的政策予以保护。

第三，注重科技型服务业的发展。在当今的全球贸易热潮中，想要产生高额的利润回报，就必须在提高产品附加值的同时注重技术专利，设置一定的科技知识壁垒以确保自己的利润率。选择信息技术和产业的优先发展领域，集中力量，快速推进，统筹兼顾，做到微电子、通信、计算机和软件技术的协调发展，实现计算机、信息服务产业的规模经济和生产合理化。加强信息技术服务的产业化，使其成为信息产业中不可缺少的重要组成部分，并予以特别重视和扶植，使其比产品制造业有更快的发展。普及信息技术知识，加强人才培养，鼓励科技人员从科研机构、高等院校向企业流动，以加强第一线生产工程的技术力量，加速科技成果向商品生产的转化，并为社会主义商品经济的发展造就一批既懂科学技术，又懂经营管理的企业家。河南省在扩大服务贸易开放的同时需要重视科技型企业的培养，在学习国外先进技术的同时努力实现自主创新，逐渐形成一批高科技含量的技术优势企业，争取长期立于对外贸易的前线。

第四，保障教育的跟进与人才培养。在任何国家与地区，扩大服务业对外开放都需要有足够数量与质量的人力资源保障，发达国家在促进产业发展的同时，也注重人才的引进、培养与相关专业人员的培训教育。对于人力资源充沛的河南省来说，不仅需要在教育中布局服务出口行业的人才培养，还需要有切实有效的管理统计部门对人力资源进行管理。

5.2 国内发达省份经验

5.2.1 北京

北京市统计局数据显示，2022 年全市服务业实现增加值 3.5 万亿元，占 GDP 比重连续 7 年超 80%，进出口总值 36445.5 亿元，同比增长 19.7%，占全国进出口总值的 8.7%，服务贸易规模逐年增长。另 2023 年 9 月 3 日的《北京商报》报道，2022 年北京服务贸易进出口总额达到近万亿元人民币，同比增长 4.9%，服务贸易占对外贸易比重达到 21.4%，高出全国平均 9 个百分点。目前，北京已经完成了经济转型，从传统生产制造转变为以服务为主导的经济发展结构。"一带一路"倡议更是促进北京与多个国家建立联系，更好地落实"引进来"与"走出去"相结合的方针。

5.2.1.1 北京服务贸易发展的特点

（1）服务贸易不断扩大。北京是全国首个服务业扩大开放综合试点城市。2015 年至今，政府不断出台政策促进北京服务贸易扩大，北京服务贸易在纵向和横向都有较深入的扩大。北京作为重要的国际城市，与国际交往密切，是承接国际服务贸易的重要平台，也是"一带一路"倡议向北开放的重要门户。2020 年 7 月，习近平总书记在吉林视察时提出"要积极参与共建'一带一路'，打造好我国向北开放的重要窗口和东北亚地区合作中心枢纽，推进与京津冀协同发展等重大区域发展战略对接合作"。北京因其独特的地理位置和政策优势，有便利的交通和政府对服务贸易的支持，能够快速便捷地与国内外深入合作；北京高校众多，人才优势明显，为服务贸易的发展提供了人才储备，研究院也为政府决策提供了参考。北京因其自身条件优越，服务贸易才能在短时间内发展迅速。

（2）教育服务贸易竞争力强。北京是国际城市，也是文化中心，其丰富的教育资源为承接国外教育资源打造了良好的基础。近年来，北京积极引进国外教育资源，在高校设立国内外联合培养学科，鼓励中外合资办学，更好地将国外的优质教育资源引入，与中国的教育资源结合，改善中国传统的教育方式，为中国更好地加入国际教育服务贸易做积极的准备。同时，北京选择出国留学的学生数量庞大，相对而言，外国留学生选择来华就读的人数较少，不过近年来整体呈上升趋势；孔子学院在海外数量逐年增多，汉语的推广及中华文化的输出从侧面提升了中国教育服务的影响力。可见，北京具有形成和发展国际教育服务贸易的得天独厚的条件及优势。

（3）突出"北京服务"特色。近年来，北京承办了许多国际赛事和会议，例如 2019 年北京世园会、2019 年篮球世界杯、2019 年京交会、北京国际设计周、北京国际音乐节、2022 年北京冬奥会，这些都向世界展示出了"北京服务"这一品牌，彰显了中国特色的影响力。从降低外资投入门槛、构建良好的营商环境到提升自身的服务品质，北京一直致力于打造"北京服务"高品质品牌，同时在巩固传统服务贸易（旅游、运输、工程）的基础上，更加积极地探索新领域的服务贸易发展模式，提升知识技术密集型服务业在国际上的竞争力。

5.2.1.2 成功经验

（1）进一步加大对外对内开放力度。对外，要进一步放宽金融科技、旅游服务、健康医疗服务、互联网及信息服务等重点新型服务贸易发展领域的外资准入标准，通过引进国外的资金和技术，加强与国际的交流与合作，更好地改善国内服务贸易的产业结构，促进区域服务贸易产业优化升级。对内，发挥核心城市对区域服务贸易的带动和发展作用，发挥重大服务贸易项目的区域辐射作用，促进区域经济结构更加合理，提升该地区的经济发展水平，促进服务贸易便利化，简化信息互认、监督互管办理程序，提高服务效率。

（2）重视发展教育服务贸易。北京教育资源丰富，其教育服务贸易对北京服务贸易发展具有较大的推动力。但对于河南省而言，教育资源不是特别丰富，甚至部分地区教育资源匮乏，教育服务贸易并没有发展起来。在"一带一路"倡议背景下，各地区要重视教育服务贸易，利用数字化信息化技术，引进国外优质课程，使偏远地区的学校也能享受到国际教育资源，改善河南省教育资源不平衡问题。与此同时，河南省要不断改善教育方式，将西方教育课程和方式与中华优秀文化相结合，积极促进与国际教育的交流与合作，大力推广中华文化走出去，在"一带一路"沿线国家创办孔子学院，宣扬汉语的独特魅力，并积极鼓励"一带一路"沿线国家学生来中国留学。

（3）树立自主品牌。北京利用自身各方面优势，结合多种资源，形成"北京服务"这一特色品牌，并通过举办重大国际赛事和会议，向国际宣传中国形象、"北京服务"品牌，提升中国文化软实力。各地区要借鉴打造"北京服务"品牌这一成功经验，结合自身独特的优势，如文化背景、人才、旅游景区等资源优势，利用互联网信息技术和良好的营商环境，积极探索与地区发展相适应的本土品牌与贸易模式。从以前的重视服务贸易数量转向提升服务贸易质量，树立良好口碑，积极承办国际会议和活动，将自主创新的本土品牌推广出去，在国际舞台上崭露头角，扩大本土品牌的影响力，从而促进该地区服务贸易的发展。

5.2.2　上海

作为国家服务贸易创新发展试点城市，上海的服务贸易发展位于全国领先地位。据上海市商务委员会数据显示，2022 年，上海服务贸易进出口总额 2454.5 亿美元，同比增长 7.0%，贸易规模创历史新高，占全国比重 29.5%，服务贸易规模居全国各省市首位。

5.2.2.1　上海服务贸易的主要特点

（1）贸易便利化。2019 年上海浦东推出贸易便利化措施，极大促进了外企在浦东落户。在具体措施上，继续保留和改善国际贸易"单一窗口"功能，开辟服务贸易出口退税功能专项服务窗口；简化重点行业领域材料的通关程序，探索服务贸易便利化的海关监管模式；保留并加强 2019 年进博会展品进出境贸易便利化支持措施，创新"前展后贸"的交易模式和"前店后库"的营销模式，扩大进博会的带动和溢出效应；打造国际公共服务贸易平台、数字贸易交易促进平台，使其能够实时、快速、便捷地为服务贸易提供信息技术服务。上海不断推出促进服务贸易便利化措施，全力打造与开放市场环境相适应的贸易自由化便利化营商环境，不断提升上海的综合实力。

（2）新型服务贸易产业发展迅速。上海在稳固运输、旅游等传统服务贸易发展的同时，加大措施促进计算机、金融、信息等新型服务贸易的发展，使其发展方式从劳动密集型转变为知识技术资本密集型，劳动、资源等低附加值的比重在逐渐降低，信息技术等高附加值的比重在不断提高。据 2023 年 6 月 9 日澎湃新闻报道，上海市商务委员会主任朱民认为"十四五"以来，上海技术贸易发展迅速，技术进出口合同金额年均增速 10%，2022 年达 187.9 亿美元，居全国各省市首位。而在文化贸易领域，官方数据显示，2022 年上海市文化产品和服务进出口总额 159.64 亿美元，保持超过千亿元人民币的进出口规模。上海是全国的金融中心，金融机构与银行数量较多，金融服务贸易总额比重逐年上升，金融贸易结构区域多元化。在此基础上，政府重视对新兴服务贸易的扶持与引领，结合当地文化传统，积极推出中医药服务等新兴服务贸易，推动中医走出国门，促进医学的国际交流与合作。

（3）制度体系健全。上海服务贸易促进体系建立较早，率先建立了服务贸易发展联席会议机制，出台了服务贸易创新发展"服务清单"；鼓励各行业主管部门、各区结合上海实际发展情况制定扶持政策，打造与上海服务贸易特色相结合的政策体系；设立服务贸易创新发展引导基金；试点服务贸易专项和区域统计，创新服务贸易人才培养模式，这些完备的制度体系为上海服务贸易快速发展提供了强有力的保障。

5.2.2.2 成功经验

（1）创新管理模式，促进贸易便利化。服务业本身具有灵活性、多样性等特点，政府要积极适应服务业的发展特点促进管理制度的改变，不断探索"以产业为导向"专项定制管理模式，促进服务和监管体系制度创新，更要考虑国际贸易规则，研究与国际贸易接轨的国内管理制度，推动中国贸易走出国门，扩大海外市场，形成强有力的竞争力，尽可能形成适用于其他地区、能够有效推广、实现并创造价值的体制机制或合作模式。如上海以生物医药生产为主，创新关检合作新模式，建立"一站式"材料进出口公共服务平台，极大缩短了特殊物品通过审批的时间，提高了通行效率。创新融资租赁模式，规定可以以专利权、版权、著作权等无形资产进行融资，解决中小文创企业融资困难等问题。创立"链式"监管模式，把设计环节作为"链式监管"的重要环节，形成更高效便捷的口岸监管服务模式。允许设计企业在海关备案，将报税政策延伸至上海内外的全产业链，推广全程无纸化和增加服务贸易功能模块，促进服务贸易便利化。

（2）推动服务贸易供给侧改革。在经济新常态下，居民消费需求旺盛，但国内产品供给多以低端产品为主，高端产品质量参差不齐，不能满足居民的消费需求，需大量进口国外产品服务，进口额大于出口额，形成服务贸易逆差，因此要加快推动服务贸易发展模式的转变。

（3）采取有效措施促进创新驱动型、高附加值服务贸易的发展，促使其不断成长，发展成熟。上海积极探索信息化背景下的服务贸易新领域，从消费引领产业发展方向转变为服务产品创新带动消费需求，利用互联网技术和数据库，大力发展在线教育、远程中医服务等新业态，转变居民的消费方式。同时，上海鼓励发展数字贸易、互联网金融等服务贸易新领域，积极推动优势企业发挥出口效益，重点培育扶持有发展潜力的高附加值企业。不断提升新型服务贸易在整体服务贸易结构中的比重，改善和优化传统的服务贸易结构，给传统服务贸易注入新的活力。

（4）大力发展特色服务贸易。上海制定了文化产品出口和进口计划表，支持文化企业走出国门进行文化交流，参加文化贸易会展，成功举办第二届进博会，向世界展示"上海服务"，输出中国文化。各地区可借鉴上海文化贸易的成功经验，积极推动各地区文化贸易发展，如创建文化产业基地、修建集影视拍摄、观光为一体的多功能小镇，以开放的心态接纳世界各地文化，举办 ChinaJoy、文化博览会和文化艺术节等文化交流活动，促进各地区的文化交流与融合，最重要的是立足于本地区的特有文化背景，突出文化特色，促进文化贸易成为各地区新的经济增长点。

（5）近年来，中医在世界上的影响范围逐步扩大，越来越多的外国人相信并采用中医的拔罐、针灸。中医服务贸易是服务贸易的潜力股，有较大的成长空间，上海作为我国较为发达的地区，中医科研能力较强、产业链较为完备，率先将中医服务推出国门，开拓国外中医服务贸易市场，并取得较好成绩。因此，各地区要重视中医发展，增强研发能力，利用中国老字号中医品牌开拓市场，以"一带一路"沿线国家为主体，利用互联网技术支持线上问诊，积极拓展中医服务贸易，使其成为各地区经济发展新的经济增长点。

5.2.3 广东

《中国服务贸易发展报告 2022》显示，2022 年，中国服务进出口 8891.1 亿美元，同比增长 8.3%，连续九年稳居世界第二，但服务贸易逆差小幅扩大，增至 409.9 亿美元。其中，东部地区服务进出口 7808.2 亿美元，同比增长 8.4%，占全国服务进出口比重为 88.3%，较 2016 年上升近 5 个百分点。2022 年，广东服务贸易总额达 1585 亿美元，增长 8.3%，占全国总额的 17.8%，其中数字服务进出口占全国的 20%。2023 年上半年，广东服务贸易总额为 782.94 亿美元，居全国第二，其中进口 380.1 亿美元，出口 402.8 亿美元。

5.2.3.1 广东服务贸易主要特点

（1）积极推进粤港澳贸易自由化。广东地理位置优越，邻接中国香港及澳门发达地区，为能够更好地承接我国香港、澳门和发达国家的服务贸易转移，打造粤港澳服务贸易一体化，政府采取一系列措施，积极促进广东与港澳的贸易合作不断深化。具体体现在简化报备审批程序，推出"一卡通"，便利三地跨境出行，推进粤港澳电子签名证书互认及应用。

（2）搭建服务贸易公共服务平台。广州市政府在搭建服务贸易平台方面发挥了极大作用。具体体现在以下四点：一是政府出面组织大型招商引资活动，为本地企业开拓市场，解决融资问题，并积极组织本地企业参加中国香港及海外国家的商品展览会，学习其成功经验。二是制定相关政策和培育方针，培育和扶持当地小型企业和新型企业，发挥优势企业的带头作用和政府的积极引导作用，保护其不断成长，向大型和优势企业不断靠拢。三是建立国际合作平台，引进国外先进的技术和资源，提升本地区的服务贸易水平，促进本地区的贸易结构优化升级，开展更多合作业务。如"广东商品国际采购中心"在政府的支持下，发挥出国内贸易优势，促进与国际的贸易市场的结合，加快广东服务贸易国际化进程，并开辟了广阔的海外市场。四是促进本地区信息技术的不断提高，为搭建电子服务贸易平台提供强有力的支持，完善电子支付支撑平台，建立信用互认体系保障信息的有效共享，加强物流的运输与保障，促使信息化技术和平台有效地为服务贸易提供支持。

（3）培育三大特色示范园区。广州南沙新区、深圳前海蛇口区、珠海横琴新区是广东培育较为成功的自贸试验区。南沙新区因其地理位置独特、地域广阔，以房地产及休闲医疗产业为主；深圳前海蛇口区以发展现代信息服务行业等为主；珠海横琴新区以金融服务业、健康旅游休闲等高端服务业为主。这三个片区发展模式不尽相同，各有特点，共同筑起南粤贸易"金三角"，成为连接内陆与港澳地区的新经济服务贸易先行区。以横琴为例，珠海横琴新区的金融服务发展速度令人瞠目结舌，从2009年仅有1家城市信用社发展到现在成立7000多家金融企业，注册资本超过千亿元。横琴的成功在于定位准确，紧邻的中国香港已经是国际金融中心，横琴的经济体量较小、产业基础比较薄弱，虽然是重点发展金融产业，但短期内不可能超越香港，所以依据政策扶持和自身特点，没有将自身定位为金融中心，而是定位为金融创新中心。创新的主要内容是金融服务方式创新，提供专业且差异化的金融服务，为企业设身处地着想，为企业解决实际问题，企业在得到差异化且优质的金融服务后，更多地选择落户横琴。与此同时，横琴管理部门通过确保企业实名认证、失信主体监控等方式防控风险，也对企业资质审查进行严格把关，在注重企业发展速度的同时也注重引进企业的质量，独特的金融服务和便利政策使横琴从众多地区中脱颖而出。

5.2.3.2　成功经验

（1）加强区域要素流通。广东积极利用港澳的资源来带动其服务贸易的发展，扩大开放力度，促进粤港澳服务贸易自由化。各地区借鉴广东服务贸易发展经验，也要加强区域贸易合作，特别是与邻近地区，实现资源共享、共同利益最大化，放宽地区服务贸易准入限制，进一步放宽准入的限制性前置条件，在要素获取、经营运行、政府采购和招投标等方面平等对待外来企业，真正实现资本、生产要素的流通。广东积极促进人才的流通，率先对港澳居民实行居住证制度，推进三地区职业资格与资历的互认，搭建人才流动综合管理服务平台，为外来人员提供投资、经营、纳税等咨询服务，让港澳人才更方便地到自贸试验区就业创业。各地区借鉴广东经验，积极扩大招才引智，提高优秀人才的福利待遇，吸引人才到该地区创业就业，实现自我价值，促进人才的流动。在交通出行方面，推行邻近地区公交地铁"一卡通"，简化出行购票程序，提高出行效率。

（2）政策支持。各地区要加大政府对服务贸易的扶持力度，保护新兴服务贸易，这样才能够促进各地区的产业结构升级和优化。广东政府通过财政支持和降低服务贸易企业成本，较好地保护了本地的服务贸易。具体来看，广东从财税上为服务贸易提供支持，尤其是与之相关的科研、实验机构给予大力支持，设立研发中心，鼓励企业申请认定高新技术企业，实行相应的税收优惠，为服务贸易创新提供基础，并积极扶持广东企业技术、文化"走出去"，设立加快发展服务外包产业专项资金。此外，广东不断降低服务贸易企业成本，水电费与工业企业一致，满足服务贸易企业用地需求，划拨专用土地给现代服务企业，不增收土地价款。

（3）培育示范园区。广东三大自贸区发展各具特色，结合自身地理资源优势，培育不同的服务贸易，各有侧重。横琴新区的成功发展在于定位准确，提供专业化、差异化金融服务，不断创新金融服务方式。如全国首创推出商事主体电子证照和电子证照银行卡，把政府的支持、认定和银行的单位结算卡绑在一起，企业凭卡可享受更便捷的金融服务。各地区要重点培育示范园区，结合本地区的优势和劣势，让传统服务发展好的行业在巩固发展的基础上推进产业转型升级。产业基础薄弱和经济体量较小的地区，要学习横琴新区的成功经验，充分利用政府扶持政策，创新金融服务方式，更好地为企业提供优质的金融服务，提高金融、咨询等知识技术密集型服务贸易比重。

5.2.4　天津

天津自贸区的发展速度较快，出口额已超百亿美元，并保持每年10%以上的增长速度。

5.2.4.1　天津服务贸易发展的主要特点

（1）创新发展模式。依靠制造业和货物贸易带动天津的服务贸易发展，促进旅游与健康医疗、教育与文化、金融与各行业的融合发展，彼此相互带动、协调发展。天津积极适应信息技术变革大环境，与时俱进。利用大数据、物联网、云计算等技术手段创新服务贸易发展模式，利用数据挖掘技术，开挖以往被人们忽视的信息，建立天津服务贸易产品的信息库和数据库。支持和鼓励天津市服务贸易企业与国外企业合作打造国际数字内容自主创新、全流程的服务贸易平台，不断创新跨境电商的服务模式，推动建立与之相适应的"一站式""单一窗口"海关监管模式，并建立和完善相应退税、跨境支付、物流等支撑系统，提高业务效率和服务水平，更好地推动跨境电商的发展。

（2）培养服务贸易专业人才。针对天津市服务贸易人才的缺失，天津市特地由进出口商会与大学合作成立现代服务职业教育集团，重点培养服务于天津服务贸易的专业人才，深入促进产学研结合。该集团的成立立足于现代服务业发展需求，以需求为导向，以学校为培育中心，结合进出口商会和外资企业的资源优势，开展校企合作，将服务贸易人才需要细化，并设立与之对应的教学课程和培养方案，避免学校人才培养脱离实际，不满足现实发展需要，更好地解决学校人才培养与实际需求之间耦合等难题。

5.2.4.2 成功经验

（1）打造"互联网+服务贸易"发展模式。天津市积极利用互联网技术支持跨境电商的发展，搭建跨境电子商务信息综合服务平台，与境外企业达成线上合作，不断扩大线上产品交易种类与数量。结合"一带一路"倡议和跨境电商的运营模式，鼓励企业积极大胆地走出去，在沿线国家布局海外仓库，对认定的海外仓建设试点予以资金支持，促进与沿线国家的贸易往来。结合天津跨境电商的成功发展经验，各地区要顺从信息技术时代发展潮流，利用互联网技术，打造线上线下服务贸易发展新模式，探索数字贸易交易促进平台，利用数据挖掘、机器学习，不断丰富数字内容和产品资源库，提升服务外包和技术贸易数字等高附加值服务贸易比重，推动数字贸易领域对内对外开放，优化升级服务贸易结构。此外，还要研究开发各地区自贸区至国际通信出入口局的国际互联网数据专用通道，保护数据安全，增设合作国家相适应的数字版权确权和交易流程服务功能，建立畅通的国际通信渠道，构筑数字贸易领域的制度和战略优势。要积极鼓励本地企业"走出去"，利用互联网平台到"一带一路"沿线国家开拓海外市场，以"一带一路"沿线国家与城市的数字贸易采购商和服务商为对象，提供数字贸易服务资源，建立发接包功能平台，不断扩大平台交易类型和规模。改变传统媒体的宣传方式，利用信息技术加强本地区服务产品的宣传与推广。品质是最好的宣传方式，在扩大宣传寻找合作国家的同时，更要提升服务产品的品质，树立良好的口碑，为后续开展服务贸易的深入合作奠定基础。

（2）注重人才培养。天津市开创了一套完整的服务贸易人才模式，为新型服务贸易的发展输送了很多人才。天津市成立了"国际贸易服务中心"和"港口贸易人才技能培训中心"，重点依托这"两个中心"，引进服务贸易涉及的物流软件、电商运营模式，在校内实现企业运营情况仿真模拟，理论与实际结合，使学生更好地将理论知识运用于实践，解决企业的实际问题。开创任务式培养模式，实现对在校学生教学、实训和对社会人员培训的双重功能。各地区要注重服务贸易人才的培养，既要注重人才引进，制定相应的人才引进规划，完善本地区的基础服务设施和提供互惠互利政策吸引优秀人才，建立健全优秀人才的报酬机制，也要重点培育适合本地区发展的服务贸易领域专业人才，尤其是电子商务、金融服务、文化服务等新兴领域人才的培养。促进校企深入合作，共同制定专业化、针对性强的"点对点"培养方案，设置对接企业的专业化课程，学生在学习相应的理论知识和完成实践操练后，经校企共同考核合格后直接步入企业相关岗位，以此来提高各地区的服务贸易专业人员的文化素质和职业技能素质，建立多层次、多形式、多渠道的服务业人才培养机制，为新兴服务贸易领域的发展提供储备人才，不断提供创新发展动力。

5.3　启　示

5.3.1　总体发展思路

2021 年《河南省"十四五"规划和 2035 年远景目标纲要》指出"十四五"时期全省经济社会发展的指导思想是：高举中国特色社会主义伟大旗帜，深入贯彻党的十九大和十九届二中、三中、四中、五中全会精神，坚持以马克思列宁主义、毛泽东思想、邓小平理论、"三个代表"重要思想、科学发展观、习近平新时代中国特色社会主义思想为指导，全面贯彻党的基本理论、基本路线、基本方略，深入学习贯彻习近平总书记关于河南工作的重要讲话和指示批示精神，统筹推进"五位一体"总体布局，协调推进"四个全面"战略布局，坚定不移贯彻新发展理念，坚持稳中求进工作总基调，深入落实"四个着力"、持续打好"四张牌"，以推动高质量发展为主题，以深化供给侧结构性改革为主线，以改革开放创新为根本动力，以满足人民日益增长的美好生活需要为根本目的，统筹发展和安全，加快建设现代化经济体系，全面融入以国内大循环为主体、国内国际双循环相互促进的新发展格局，着力推进治理体系和治理能力现代化，持续营造学的氛围、严的氛围、干的氛围，以党建高质量推动发展高质量，确保全面建设社会主义现代化河南开好局、起好步，在黄河流域生态保护和高质量发展中走在前列，在中部地区崛起中奋勇争先，谱写新时代中原更加出彩的绚丽篇章。2022 年的《河南省加快推动现代服务业发展实施方案》进一步明确要以习近平新时代中国特色社会主义思想为指导，完整、准确、全面贯彻新发展理念，锚定"两个确保"、实施"十大战略"，顺应技术革命、产业变革、消费升级趋势，以服务业供给侧结构性改革为主线，以建设现代服务业强省为目标，着力在区域引领、产业融合、创新驱动、纵深改革、扩大开放等关键领域实现突破和跃升，努力形成制度更加优化、市场更加活跃、供需更高水平的平衡发展格局，推动现代服务业高质量发展，为现代化河南建设提供坚实支撑。在具体发展路径方面，提出要创新赋能，供需适配；龙头突破，区域协同；开放牵引，内外畅通；改革破题，放管并举。

因此，要推动河南省服务贸易高质量发展，打造内陆高水平开放高地，就必须以党的二十大精神为指导，在新时代全面实施领悟中国特色社会主义基本战略和思想，把握现阶段发展的实际情况和要求，依托"一带一路"优势，全面对外开放，始终坚持绿色发展、创新发展、协调发展与可持续发展。同时，应以河南特色优势产业为依托，促进服务贸易的多元化发展，继续完善相关政策，加强对口政策对服务贸易的支持力度，不断创新服务贸易发展模式，改善提升河南省服务业发展的整体环境以适应服务贸易的发展，提升"河南服务"在国际上的竞争力和影响力，建设国内领先的服务贸易优势省份。

5.3.2 重点发展领域

5.3.2.1 巩固加强优势领域

在河南省进出口贸易发展结构中，主要以运输、旅游、建筑劳务服务承包等劳动密集型产业为主，以郑州市服务贸易数据为例，2019 年进口和出口的前三季度总额达 25.78 亿美元，与往年相比增长 14%，其中劳动密集型服务贸易高达 50%以上，我们要继续巩固发展提升这些服务贸易发展中的优势领域，底子打牢，以便在此基础上进一步地发展壮大，为达到这一目标，我们需要从以下三个方面来开展工作。

（1）运输服务。

河南地处中原地区，铁路交通发达，其中郑州位于京广线和陇海线的交叉位置，京九线飞驰商丘而过，除此之外还有焦柳线，所以河南是通往中国南北和东西地区的战略交通省份，其在通往西北六省的作用很大，并且也是新亚欧大陆桥的重要一站。河南省也是"一带一路"倡议的重要节点城市。"一带一路"沿线中有很多发展中国家基础设施建设薄弱，故这些国家在交通运输、建筑、基础设施等传统服务方面存在巨大的需求，进而在很大程度上对河南省传统服务贸易出口有推动作用。

河南独具特色的战略位置，使河南省成为全国不可或缺的陆空交通枢纽、能源枢纽和通信枢纽。河南省要努力发挥自身在中原自贸区建设中的优势地位，加快建设国家级物流中心，打造本省成为内陆服务贸易中心和全国重要的物流枢纽；同时加快发展远洋国际航线，巩固和发展中国家与欧盟（郑州）列车；按照合理规划和大规模建设的要求，建立陆空综合物流中心，加强公路、铁路和航空运输的连接，以建立运营高效的多式联运系统，在众多的物流园区或车站中，将拥有发达转运系统的园区或车站进行筛选，将其作为多式联运网络中的关键节点，用作交通转换的关键节点，以形成各种类型基础设施的无缝连接；配合打造郑州航空港区为国际一流航空港发展目标战略的实施，加快公路、铁路建设，提升路网辐射能力，实现陆空运输一站式物流服务；继续保持河南省运输服务贸易的良好发展态势。

（2）建筑安装服务。

河南建筑行业总体发展水平高于全国平均水平，核心竞争力强且发展迅速。建筑行业的发展主要是由于国家宏观经济的发展以及河南城市化进程的快速推进。分散的行业结构和布局对河南省建筑服务贸易总值的增长有重大影响。因此要以河南省建筑安装业的快速发展为依托，继续着力推进保持建筑安装服务在河南省服务贸易中的优势地位，加大创新投入，推动施工、安装等建筑基础行业的发展，探索高新技术产业的发展，推动建筑安装业的规模化进程，进入建筑行业高端市场。为解决当地市场竞争过度、供不应求的局面，打破竞争格局，要采取多步骤以共同推进河南省建筑业安装服务再上新台阶。

（3）劳务承包服务。

河南省人口较多，充足的劳动力资源为河南省服务贸易的发展提供了优越的条件，多因素共同导致劳动力价格也相对较低，从而形成了劳动力供应优势，传统服务贸易中劳务承包服务占有比较大的比重。在这种优势和基础下，河南省要把握机遇，重视制度创新，要制定出符合河南省省情的法律法规；转变升级劳务承包输出结构，推动以劳动密集型为主的劳务承包输出向技术、金融为主的知识密集型劳务承包输出转变；加强人才培养，提高劳务人员知识技能，培养国家以及国际上需求较大的技术人员和高科技人员；加强国际人才交流，与国际接轨，推进河南省国际劳务承包服务贸易的发展；对外工程承包业务自"一带一路"倡议提出后迅猛发展，河南要快速进入到该发展趋势，跟上"着眼国外市场"的大队伍，积极发挥自身优势，为沿线国家带来生产生活上的福利。

5.3.2.2 迈进培育新兴领域

在河南省进出口服务贸易发展中，主要以运输、建筑劳务服务承包等劳动密集型产业为主，而在技术密集型服务贸易中的金融、信息服务产业所占比重与传统服务贸易发展所占比重相比仍有较大差距，所以河南省要在巩固提升传统服务贸易的同时，迈进并培育新兴的服务贸易领域，推动河南省服务贸易的整体优化发展。

（1）金融服务。

河南认真对待落实稳健中性的货币政策，存贷款业务情况合理增长。社会融资规模基本稳定，多层次金融资本市场快速推进，保险业快速发展，发展势头良好。在这样的背景下，河南省必须努力发现、分析和解决金融发展中的问题，政府积极制定、完善相关法律法规，并在税收、财政、监管、补贴等方面给予尽可能的支持。对于大型金融机构来说，推行普惠金融可以让其加快基础设施建设、实现金融手段和技术升级，节约金融成本，提升金融服务的渗透度。由于中小金融机构存在资金来源不足、服务方式单一、抗风险能力弱等问题，发展普惠金融，有助于它们获得来自政府和公益部门的支持，以建立一个完整的多元化、规模化、系统化、可持续的金融体系。在河南省要重点解决的问题中，由于本省1亿人口现状的存在，发展过程中的地域差异仍旧很大，所以要缩小这种不平衡不充分，统筹发展。我们要基于中国（河南）自由贸易试验区和中国航空港综合经济试验区以及其他国家的服务贸易创新政策，把握总基调，向发达地区借鉴经验，继续推进金融政策改革，推动河南省金融服务贸易的跨境发展，促进河南省金融服务业更好地发展。

（2）计算机信息服务。

计算机信息学科的发展日新月异，在国际服务贸易的发展中发挥着不可或缺的作用，"互联网+"已经成为时代最强音符，计算机技术的基础性和不可替代性越发明显，计算机信息服务作为高附加值类服务贸易产业，发展相对来说较为落后，在河南省服务贸易发展中所占比重小。在学术交流端，搭建产学研合作教育平台，结合人才培养模式形成以平台企业为主体的产学研结合模式、以高校企业为主体的产学研结合模式、以社会企业为主体的产学研结合模式等多种不同模式的产学研教育平台，以综合性、多功能和科技创新平台构建为原则，形成共建自管的自我发展机制，使校企双方长期受益，真正实现校企双赢。同时，政府也要加强计算机科研领域方面的财政投入，鼓励发展计算机信息服务产业，采取政府引导、税收杠杆等方式，落实研发费用加计扣除等政策，探索共建新型研发机构、联合资助、慈善捐赠等措施，激励企业和社会力量加大基础研究投入。探索实施中央和地方共同出资、共同组织国家重大基础研究任务的新机制，从而为河南省计算机信息服务产业的发展提供便利的政策与金融环境，提高本省服务贸易中计算机服务产业的比重。

（3）技术服务。

全球在数字等新兴技术层面的进步正在使服务贸易战略上升为更高更深的层面，同时也使服务贸易变得越来越重要。与此同时，数字信息技术在未来的服务贸易中发挥着越来越大的作用。在这样的大背景下，河南省要进一步完善与技术创新相关的制度以及法律法规，实施人才发展战略，加强推进人才激励政策的出台、更新以及落实；与高校以及科研机构加强合作，建立联合创新机制，加快科研成果的创新性转化，优势互补，在技术创新方面达到共赢；与省内外先进科技资源加强交流，加强企业自主创新和提高研发技术产品的能力；创造技术创新平台，加快对先进技术的引进和吸收，使其尽快地转化为生产力，提高技术服务贸易产值；加强技术品牌建设，推进技术品牌创新，实施创新品牌培育发展的战略，开发自主知识产权的品牌。

（4）文化服务。

积极加强基层综合文化服务中心建设，准确而又稳定地促进文化繁荣，努力解决公共文化服务发展不足和不平衡的问题。我们要继续在为文化专家和文化助手提供政府采购服务方面取得成功，并继续改善并发扬我们的基层文化，培训相应的工作人员和文化志愿者。我们要继续保持在保存和继承良好传统文化方面的成功做法，组织大型文化活动，并在文化事业发展中寻求新的实践。坚持以太极拳、少林武术等独特的文化资源为核心，培育多种产业模式，结合其他的武术文化、旅游、卫生、教育和培训，形成新的业务格局。我们支持发展传统文化产业，所以有发展潜力的城镇应给予适当的政策优惠，将其建成国内乃至国际贸易文化中心，与此同时要在"一带一路"倡议中充分发挥河南作为交通枢纽的作用，并将具有中原地区特色的文化产品和服务推向国际市场，吸引知名文化企业定居中原，依托博大精深的中原文化，积极推动与沿线地区的文化共鸣和共享，为多边良好合作奠定基础。一是充分保护利用文化遗产，在发扬商都文化、嵩山文化、黄帝文化等传统文化资源的基础上，创新开发根亲文化、儒释道文化、功夫文化和象棋文化等，积极向"一带一路"沿线国家传播历史文化，重点扩大宋文化、少林、茶文化等特色文化的影响力。二是加强国际友城建设，进一步扩大郑州的"朋友圈"，持续办好新郑黄帝故里拜祖大典、少林武术节等重大活动，积极申办创办国际文化交流、体育赛事等活动，不断扩大河南的影响力和美誉度。三是依托文化载体，开创与沿线国家间的"双向旅游"，推进文化旅游产业的发展。由政府牵头，结合河南特色旅游资源引入科技和创新元素，发展具备丝绸之路文化内涵的精品旅游，吸引来自沿线国家的旅客来河南亲身体会古典与现代气息相容的魅力。与此同时，加快推进与沿线国家签订免签证制度，为河南与沿线各国的旅游产业的紧密合作提供政策支持。

5.3.3 主要发展措施

5.3.3.1 明确优势发展领域，着力发展现代服务贸易

同时发挥市场自主调控和政府宏观调控在资源配置方面的双重作用，并重视运输和旅游等传统领域的许多关键参与者，为技术贸易、服务外包等提

供新机遇；优势领域中的出口导向型公司在现代服务贸易中做得很好，在文化、中医药和其他特殊领域以及人力资源、咨询服务和会计等潜在领域也发展壮大了许多中小企业；努力推进计算机信息技术服务，推进基于 Internet 和 Web of Things 服务网络的发展完善，建立并优化银行、金融等电子商务支撑体系，推动建立国家技术的进出口贸易平台；加快建设现代金融市场体系；加快医疗和生物医学服务的发展，促进社会公共服务领域中的健康服务贸易发展。

5.3.3.2　转变目前的服务贸易结构，加速传统服务贸易转型升级

加快推动河南省服务贸易发展模式从成本驱动向创新驱动转变、从依赖传统服务领域向培育高附加值领域转变、从较为集中的市场结构向多元化市场结构转变，加快形成服务贸易发展新格局。积极发展医疗旅游、在线教育和中药长途服务等新型业务，促进传统服务贸易的转型升级。

5.3.3.3　加快服务贸易平台载体建设，聚集更多优质资源

河南省要加快服务贸易平台载体建设，以技术密集型服务为主，先支持经济发展较为发达的地区如郑州，借助自身各方面的优势，率先建立先进的服务贸易发展平台，待发展成熟之时进行经验推广，从一至多，从精准到普遍，最终"遍地开花"，使河南省建成卓越的服务贸易发展示范区。除此之外，对于现代服务业和先进制造业的发展来说，要全面、要综合、要协同，着眼于金融、保险等方面。应采用高端服务外包作为加入高端服务业、服务咨询等高端生产性服务和贸易全球分工来提升新业务出口能力的重要途径，在服务价值链的全球贸易高端打造河南的作用和地位。

5.3.3.4　扩大服务贸易对外开放，"走出去"与"引进来"相结合

充分利用区域特色，抓住"一带一路"倡议的机遇，促进服务贸易自由化，组织投资促进市场开发，以多种方式积极帮助省内企业开拓国际市场；

积极向全球服务行业中的跨国公司推广河南省特色，引进大型跨国公司业务，并通过商业模式加速服务贸易的发展。加强与国际服务公司的战略联盟，吸引全球500强公司和大型海外公司在河南全省建立R&D中心、采购中心、服务外包中心和其他商业型总部，积极探索沿线国家市场，推动法律、会计等服务"全球化"的提速过程；支持有条件的公司在国外设立分支机构和研发中心，扩大海外业务并努力"走向全球"；在稳定我国港澳市场的同时，扩大与美、欧、日、韩等发达国家（地区）的业务规模，促进电信和工程承包服务出口到中东、拉美、俄罗斯和非洲等国家（地区），提高河南省在全球服务贸易市场中的份额，提高在服务贸易总额中的比重。

5.3.3.5 拓展开发服务贸易新领域，着眼中医药服务贸易

充分利用省中医药资源，人文、人才和规模经济优势，加快中医药资源向产业和经济效益的转化，促进河南省中医药服务贸易的发展。大力学习以中原地区文化为核心的南阳仲景文化、洛阳平乐正骨文化、焦作营养医学文化，加强对外宣传和营销推广，积极弘扬中华医学文化。支持出国建立中医教育、医疗经验、中医保健、健康旅游等机构。鼓励省级医疗卫生机构与国际知名医疗机构合作，确定并保障省级中医服务重点项目。

5.3.3.6 扩大服务贸易企业影响力，打造服务贸易优势品牌

河南省作为制造业大省，也有许多优势名牌企业，如汽车制造业"宇通重工"、食品加工企业"三全"和"思念"等，应重点保护和发展这些优势名牌，专注于为河南省服务贸易实施品牌竞争战略，并创建代表服务公司和企业集团的具有核心竞争力的公司，从而发挥其在国际服务贸易竞争中的优势地位。需要对现有服务出口品牌和品牌公司进行深入研究和设计，以识别和提供许多在市场开发、跨国运营和信息服务方面具有影响力和实力的品牌，并逐步扩展和加强"河南服务"，最终建立国际品牌"河南服务"。

5.3.4 政策措施

5.3.4.1 加大财政支持力度，鼓励服务贸易发展

充分利用河南省国家贸易发展资金和服务，对技术密集型服务贸易发展较为领先的企业继续提供相应的资金支持，以支持其继续进行更为深远的发展以及成功发展先进经验的推广；对发展中水平的企业来说，要对其引进人才、建立科技研发中心等措施提供优惠的政策和资金支持，以便提高发展速度；对于刚起步的企业来说，要放宽其进入市场的标准，支持其做好基础设施建设。做好服务贸易专项资金管理，出台服务贸易专项资金使用管理条例，确保专项资金使用合理合法。在税收政策方面，对符合条件的服务贸易发展企业实施积极的税收政策，对企业相关技术研发人员进行个人所得税政策优惠，激发企业发展动力和积极性，从而鼓励服务贸易的快速发展。

5.3.4.2 提高服务便利化水平，推动服务贸易发展

在海关方面，坚持强化海关监管，落实服务贸易便利政策。对符合条件的服务贸易企业和项目，在用地、工商注册登记、出入境管理、行政许可等方面开展特色服务；对符合条件的服务贸易企业和项目，简化行政审批程序，优先提供财政贷款；对符合条件的服务贸易企业，按国家政策规定实行税收减免等优惠。在融资、外汇管理等方面采取便利措施，推动服务贸易发展。

5.3.4.3 降低服务贸易成本，加大金融支持力度

在奖励服务业中逐步对电、水、气和工业实行同等价格，充分保护服务公司的土地使用，并按照城乡规划要求，通过划拨取得土地的公司或单位在进行现代服务业发展时可以暂时不变更土地用途，土地价格也不会提高；根据有关设计条件，可以设置一个独立的 R&D 中心、科研机构和土地动画产品

设计，降低服务贸易成本。

5.3.4.4 加强服务贸易统计工作，促进社会经济发展

贸易统计工作意义重大，加强贸易统计工作有利于提升贸易规划的质量和水平，促进社会经济健康发展。河南省应注重建立健全统计数据质量控制体系，加大执法力度，提高统计数据质量；加强在库企业的规范化管理，开设统计诚信或星级企业的评定；激励企业入库，提供企业入库培训，建立一定的奖励制度；强化政府部门的带头作用，加强组织领导工作，及时解决贸易统计工作中的疑难问题；探索各部门信息共享、协同执法的统计和监管体系的建立，公开贸易统计数据，提高贸易数据获取便利化，形成常态化的信息发布机制，助力服务贸易的科学研究工作。

6 促进河南省服务贸易高质量发展的政策建议

6.1 发展思路

为加快提升国内国际双循环战略，推动内外贸一体化发展，以及建设更高水平的开放型经济新体制，2021 年 4 月公布的《河南省"十四五"规划和2035 年远景目标纲要》提出要争创服务贸易创新发展试点，建立健全进出自由、安全便利的货物贸易管理制度和服务贸易极简负面清单制度。2022 年 8月，河南省人民政府又公布了《河南省加快推动现代服务业发展实施方案》（以下简称《实施方案》），提出主要目标是到 2025 年，现代服务业强省建设取得重大进展，服务贸易进出口总额年均增长 8%，服务业吸收外资年均增长 5%，现代服务业治理结构、制度体系、生态环境更加优化。同时，《实施方案》指出为增强服务贸易竞争力，应优化服务贸易发展环境、发展优势特色服务贸易、推动服务贸易创新发展。

6.1.1　指导思想

为坚定不移贯彻落实习近平新时代中国特色社会主义思想和基本方略、党的二十大精神和习近平总书记大力发展服务业指示要求，充分结合新的时代条件和实践要求，紧跟时代步伐，紧抓国家"一带一路"和构建全面开放新格局战略。以改革为主线，以创新驱动和扩大开放为动力，坚持"协调绿色，创新共享"的发展原则立足河南省特色优势产业，探索推进服务业扩大开放，全面支持服务业新模式、新平台、新业态、新领域建设与发展，优化服务业结构，促进服务业的多元化发展，构建法治化、国际化、便利化营商环境，建设国内领先的服务城市。牢固树立和贯彻落实协调绿色、创新共享的发展理念，夯实服务业的基础建设。在扩大产业规模的过程中不断优化改革与制度创新，在创新发展中确立更符合新时代服务贸易的政策体系与发展路径，推动河南省服务业竞争力的提升。

6.1.2　基本原则

发展河南省服务贸易，要以抢抓机遇为突破口，加快服务贸易提质升级。主要是抢抓信息技术和数字经济发展的机遇，提升创新发展能力；抢抓制造业服务化的新机遇，促进价值链升级。同时，要立足河南省自身优势，深入挖掘市场、产业和人力资本的潜力；改善营商环境，完善服务业和服务贸易发展的生态系统；扩大对外开放，改革创新管理体制与监管模式，形成推动服务贸易发展的新机制。长远来看，切实提升河南省服务贸易竞争力需遵循以下三点思路：

一是顺应发展需要，不片面追求短期成效。随着服务业发展和进一步扩大开放，河南省服务进出口规模将不断扩大，特别是从产业转型、高质量发展和满足消费升级等角度来看，河南省服务贸易进口将大幅增加。在相当长的一段时间内，无论是高端设计、研发、专利使用等生产性服务，还是出境旅游、出国留学和海外医疗等生活性服务，河南省市场需求都很大。河南省服务贸易逆差可能仍将保持较大规模，对此应客观看待。要注重促进河南省服务贸易竞争力提升，更注重满足经济社会发展的现实需求、更有利于促进服务贸易全面健康发展、更好地服务于推动经济高质量发展。

二是依托制造优势，夯实服务贸易发展的产业基础。制造业是服务业及服务贸易发展的重要基础，制造业中服务要素的投入程度和发展水平，日益成为决定一国或地区国际分工地位、企业国际竞争力的重要因素。提升服务贸易竞争力，需注重发挥河南省制造业的优势，推动制造业与现代服务业融合发展。

三是注重平衡协调，处理好扩大开放与防范风险的关系。在扩大服务业开放、促进服务贸易发展的同时，要着力构建风险防范体系，加强事中事后监管，实现保障国家信息安全、培育提升国际竞争力、服务领域双向开放与发展之间的协调共促。

6.1.3 发展目标

借鉴国外与国内服务贸易先进地区的成功经验，结合河南省自身的特点与优势，扩大服务业对外开放，应从以下七个方面着手。

第一，紧握新一轮科技革命和产业变革带来的机遇，加快推进信息技术、数字经济与服务贸易的融合与发展。深入研究应对新一轮科技革命和产业变革的新趋势新挑战，顺应服务贸易数字化进程，加强互联网、大数据等先进信息技术与服务贸易的融合发展，着力打造和完善有利于服务贸易更好发展的基础设施和生态系统；鼓励创新发展，大力推动以云计算、大数据、人工智能为技术支撑的平台经济和服务贸易新内容；积极培育跨境电商、外贸综合服务、市场采购贸易等综合服务提供商，努力拓展河南省服务贸易在全球价值链的增值空间。

第二，顺应制造业服务化新趋势，充分发挥货物贸易和跨境投资对服务贸易发展的带动作用。要建立制造业与服务业一体化发展的政策体系，注重发展生产性服务业，整合管理体制和支持政策，合力推进制造企业与生产性服务企业协同发展；要优化对外投资管理体制，促进服务贸易企业拓展海外市场；要以"一带一路"建设为重点，深度挖掘河南省与"一带一路"沿线国家在贸易投资领域的合作潜力，拓展服务贸易新市场，打造互利合作共赢的新亮点。

第三，采取务实举措，促进服务业快速发展。服务业的更好发展对服务贸易的支撑作用至关重要，亦有利于更好地挖掘服务贸易发展的潜力。对此，要大力发展现代服务业，促进服务业转型升级，增强市场竞争力。一方面，要进一步加大服务业向非国有资本开放的力度，增强社会资本进入的积极性，激活服务市场活力；另一方面，要着力提升监管部门的能力和水平，减少准入审批，加强信用体系建设和事中事后监管。

第四，加快建立适应服务贸易发展的管理体制和监管模式。进一步加强跨部门沟通协作，合力营造便利高效的管理体制；改革创新监管模式，提升促进服务贸易发展的针对性、便利性和有效性；加快完善服务贸易统计体系，建立健全相关部门的信息统计职能，探索建立各部门信息共享、协同执法的服务贸易统计和监管体系，逐步形成常态化信息发布机制。

第五，加快完善政策配套，增强财政金融对服务贸易的支持力度。服务贸易涉及的领域多、行业广、业态新，需依据现实需求和服务贸易企业轻资产等特点，提供有针对性的金融服务与政策支持。

第六，持续改善营商环境，打造促进服务贸易发展的生态系统。围绕服务贸易发展及相关产业，营造统一、透明、公平竞争的市场环境。创新服务贸易人才培养和引进机制与模式，增强人才供需衔接，建立多渠道、多方式吸引国际化高端管理与经营人才的机制。建立创新发展服务平台，加强知识产权保护。

第七，积极参与国际经贸规则制定。需顺应高标准开放的趋势和要求，积极参与相关规则谈判，营造良好的制度环境。积极参与制定与服务贸易相关的国际经贸新规则，对标国际经贸规则，推动完善相关法律法规和监管体系。

6.2 重点发展领域

6.2.1 物流产业

6.2.1.1 河南物流业发展现状

京九线和陇海线在河南郑州北站交汇，作为亚洲每日平均作业量最大的火车编组站，中国多个铁路干线和支线的火车在此得到进一步的配置、编组后发往各个地区的各干线和支线，这里被业内誉为中国铁路的"心脏"。连接荷兰鹿特丹的第二亚欧大陆桥组成部分之一的陇海铁路交汇点——郑州站，使我国的货物到欧洲各国的路程比海运总体上缩减了47%。郑州拥有中国最大的零担货物转运站圃田西站，作为地域跨度大的综合性产业体系，其充分利用信息、互联网技术和物联网技术，对传统行业进行融合、重组、优化升级，以此来提高物流流通效率。河南的交通运输和通信枢纽相对比较完善，正所谓"天时地利人和"。京广等铁路干线以及新密等支线均在河南境内交汇，铁路通车里程居全国第一。近年来，河南农村公路通车里程也同样居全国第一。沙颍河、黄河等知名专业运输河流根据季节的变换调整运输计划，也为河南物流产业起到示范作用并提供了经验。总体来看，河南的物流系统以高速公路为主干，以国道、省道干线公路为支线，以县乡公路为"毛细血管"，初步形成完备的物流运行系统。

6.2.1.2 发展物流业的措施

物流产业在河南呈现广而乱的问题，有一定的特殊性。河南物流业要想呈现出大规模、多品种、高效率的配送体系必须深度改革，从多方面下手。结合河南物流业的特点，可从信用、政策、合理规划等方面出发。

（1）物流诚信体系建设是以规范行业的一切活动为出发点，不断壮大物流行业的发展，并保障物流流程中每一环节的顺利进行，需要制定出的一系列诚信法律法规、指令和监督的总和。

在政府层面：第一，要完善诚信法律法规。进一步完善物流信用相关的法律法规，对于那些为牟取私利而利用相关法律法规中存在的漏洞来进行违法经营的第三方物流企业和快递公司应加以惩治，规范管理，明确责任，完善其法规制度。第二，加大政府职能部门的监管力度。政府应该发挥其主导作用，组织建立合法的诚信监管体系，对物流市场行为进行规范管理，加大宏观调控政策的有效实施，严格建立优奖劣罚的体系，保证市场有法可依，有序可循。

在企业层面：第一，要加强企业自律，树立诚信理念。企业需要加强自身的诚信体系建设，坚持技术创新，让创新引领诚信的理念，严格遵守法律制度，制定适应企业发展的诚信文化。第二，建立企业公共信息平台。建立公共信息平台，有效地与客户保持实时沟通，及时解决客户服务中出现的问题，满足客户需求，避免因没有及时处理客户投诉而产生失信的情况发生。第三，加强银企合作，实现电子合作。为解决货运公司代收货款在短时间内大量积压的问题，相关管理部门应该组织建立诚信网站，通过协调来加强银行与企业间的合作，对超出了一定数额限制的货款应采用验货过关后由银行代收的方式。

（2）针对物流行业的特殊性，要有针对性地解决问题，政府和企业应共同发力。在物流业发展中，政府要作为一个"组织人"和"引导人"，认识到物流业在河南省经济发展中的突出作用，对于物流业的发展要切实做到出台有针对性的政策。切实减轻物流企业税收负担，根据物流业的产业特点和物流企业一体化、社会化、网络化、规模化的发展要求，统筹完善有关税收支持政策。加大对物流业的土地政策支持力度。仓储设施、配送中心、转运中心以及物流园区等物流基础设施占地面积大、资金投入多、投资回收期长，要在加强和改善管理、切实节约土地的基础上，加大土地政策支持力度。加快推进物流管理体制改革，打破物流管理的条块分割。加强依法行政，完善政府监管，强化行业自律。鼓励整合物流设施资源，加强物流新技术的自主研发，重点支持货物跟踪定位、无线射频识别、物流信息平台、智能交通、物流管理软件、移动物流信息服务等关键技术攻关。各级人民政府要加大对物流基础设施投资的扶持力度，对符合条件的重点物流企业的运输、仓储、配送、信息设施和物流园区的基础设施建设给予必要的资金扶持。

（3）物流体系建设将极大地促进现代物流。由于河南物流业起步较晚，完善的物流体系必将使河南实现"翻一番"的目标。要实现更高层次的发展，必须从整体角度来看待问题，应该做到完善交通枢纽结汇点和工业基地规划，使相关配套设施更加齐全；促进物流体系各要素的整合，使物流企业能够独立自主地发展，减少企业的依赖性，提高企业的能动性和机动性；处理好整体和部分的关系，减少或者避免资源的浪费和闲置，提高资源利用率。坚持科学区域布局原则，按照河南省各市规划要求，从各区域功能、产业布局和城市总体规划出发，新建的物流基地应该合理布局、科学规划，避免盲目建设和低水平重复建设，支撑物流公司跨越式发展。根据目前实际情况及未来发展战略的需要，采取存量提升与增量扩张并举的原则。通过整合、改造、提升，提高现有港口码头物流运作服务水平，将存量的港口码头物流逐步引向符合今后更具比较优势的水陆融合物流发展轨道，提高竞争力，实现物流业可持续发展。

6.2.2 文化旅游产业

6.2.2.1 河南的优秀传统文化以及旅游业发展现状

中华文化源远流长、博大精深，河南文化亦是如此。河南文化不仅是一种地域文化，它已经融入了中华民族传统文化的根和干，其中汉字文化、姓氏文化、武术文化在中华文化的发展史上占据重要地位。另外，作为四大剧种之一的豫剧在全省乃至全国都是独树一帜，备受欢迎，在全国演出的豫剧团更是数不胜数。河南省地处中原腹地，历史悠久，优秀的文艺作品举不胜举，河南传统文化工艺美术产品更是十分具有渗透力和影响力，如开封"三宝"之一的汴绣、朱仙镇木版年画、主官瓷、浚县泥咕咕、周口泥狗狗等。河南的优秀传统文化产品发展已取得了优异的成绩，其规模和影响力已经初步显现出来，发展潜力较大。丝绸之路在中国境内的遗产点共有22处，其中河南就有4处。集经济地位、文化地位、政治地位于一体的河南在悠久的历史发展中沉淀了深厚的历史文化底蕴，受到历朝历代统治者的重视。位于河南境内的安阳、洛阳、郑州和开封纷纷在中国八大古都的历史上留下了浓墨重彩的一笔，与此同时洛阳既是古丝绸之路的滥觞，又拥有三项世界非物质文化遗产。隋唐时期的火药发明举世闻名，其辉煌成就令人瞩目。其他令人振奋的文化成就更是数不胜数，河南的儒家文化、黄河文化、殷商文化、姓氏文化、中医文化等，都深刻地影响着一代代中华儿女，驰名中外源远流长。

6.2.2.2　在文化产业方面采取的措施

全面而又深化的文化体制改革，使河南的特色文化产业"活起来"，充分整合资源，更新和转变思想观念，进一步树立在全新市场条件下的文化产业发展意识，学习发展文化产业和提高文化竞争力的方法和手段。在这个过程当中，各级政府贯彻坚持"群众路线"，深入人民当中，组织文化生产和文化经营，巧妙地将高科技和知识产权的开发和运用结合起来，对文化资源进行进一步的加工和改造，延长产业链。通过此过程，工作人员可以将这些创意人的智慧、技能和天赋融入其他特色文化产业的开发当中，不断普及推广经验。特色文化产业创新作为新时代的宠儿必将极大地拉动经济发展。同时在文化体制改革中将文化事业单位细分为公益性文化事业和经营性文化产业两类。深入群众，让创新的文化产品走到群众当中，并结合多元化原则，尊重民意。深化文化体制改革，增强文化产业活力，进一步研究如何转变管理机制，学习现代企业运营模式，进一步提升文化体制改革的成效。

积极调整文化产业结构和文化产业布局。对于政府而言，目前的一个重要工作就是要解决国有文化资源存在的结构不合理、效益低下、浪费突出等问题，使文化资源的管理得到加强，使现有的资源得到有效利用，使好的资源潜力得到发挥。针对目前存在的各类不良文化资产，应该依照相关法规和行业规律进行整合、重组、并购、合并，以提高文化资产的利用率。打好"华夏文明最重要起源地"这张牌，而不是单单强调拥有多个历史文化古都。充分利用好河南充足而优秀的诗词歌赋和历史名人资源，提高自身知名度；

大力发展文化和体育产业，积极争取举办具有较大影响力的大型文艺活动和国内、国际体育赛事等；由景点观光的旅游模式向休闲度假、文化科普、产业融合转变，才能让旅客更好地理解河南。

6.2.3 跨境贸易电子商务

6.2.3.1 河南跨境贸易电子商务发展现状

近年来，在国家政策扶持下，河南省跨境电子商务综合试验区战略机遇，创新地创造了网购保税进口模式，完善了全球电商集散网络系统，跨境电商持续高速稳增长。2017 年，河南省跨境电商进出口交易额约 1024 亿元，同比增长 33.3%；2018 年，河南省跨境电商进出口交易额约 1289 亿元，同比增长 25.8%；2019 年，河南省跨境电商进出口交易额约 1581.3 亿元，同比增长 22.7%；2020 年上半年，河南省跨境电商进出口交易额约 760.2 亿元，同比增长 21.5%。

6.2.3.2 河南跨境贸易电子商务的发展措施

（1）优化电子商务发展的环境。政府对先进优秀的电子商务企业给予资金帮助，通过财政补贴、提供科研经费等形式为企业提供适当资助，给企业发展电子商务创造了积极向上的环境。另外，在电子商务交易过程中，购买者与供应商都是用虚拟的身份进行交流，两者的身份信息都不确定，交易的时间、产品的质量以及商业信用都得不到保证，故而，建立诚信设施十分重要。这也就需要一个既不隶属于供应商也不隶属于购买者的中介机构协助交易的完成。我们应该支持有能力有水平的企业提供信用评估，推动第三方中介的发展，加强诚信设施建设从而优化发展环境。

（2）组织电子商务教育培养活动。河南省多数企业员工的网络知识应用能力还不高，对电子商务缺乏正确的认识，电子商务观念有待提高，需要使其深刻认识到电子商务在经济发展中的重要作用。虽说我国电子商务发展迅速，但终究还是刚刚起步，十分缺乏专业人才。故而，我们应该制定合理科学的人才培养计划，将重点放在培养复合型电子商务人才上，以此来促进整个电子商务行业的发展。

（3）净化网络环境，为电子商务提供更加优质的服务。要充分发挥行业协会的作用，倡导行业自律，进一步完善互联网违法和不良信息举报的工作流程，发挥社会监督作用，提高打击违法网站的工作效率。互联网协会要组织成员单位积极开展市场纠察工作，支持多方服务平台的发展，为个人、企业的电子商务活动提供切实可行的服务。

6.2.4 科技服务企业

6.2.4.1 河南省科技服务企业发展现状

河南省地处中原，区位交通、文化优势明显，但是产业基础薄弱，经济发展滞后，面临中部崛起和我国经济发展进入新常态的机遇与挑战，河南科技服务企业在促进本省经济增长、扩大就业和活跃市场方面作用并不明显。虽然科技服务业为本省实施创新驱动发展战略作出了突出贡献，成为河南省一个新的经济增长点，但总体规模还不够大，自主创新能力不足，行业技术含量偏低，粗放式增长特征明显；服务能力偏弱，服务业顾名思义应该以服务为根本，但是现实中的服务能力和服务手段均比较弱，科技服务产品在市场上存在"低质低价"的现象；服务的针对性不强，对市场需求缺乏深入理解，与市场融合度低，存在服务与需求脱节现象，服务不能有效转化为现实生产力。

6.2.4.2 发展措施

2014年国务院印发《关于加快科技服务业发展的若干意见》，这是国务院首次对科技服务业发展作出全面部署。该文件把一些适应现代产业发展、适应现代经济结构的一些业态梳理了出来，根据这样的背景，提出科技服务业包括研究开发、技术转移、检验检测、创业孵化、知识产权、科技金融、科学普及等，当然也包括相关业态的综合性的服务业。河南省对于科技服务产业的发展应鼓励吸引科技服务业的进入。

（1）完善河南科技服务产业，主要有以下四点：①发展战略规划。加快制定和落实支持科技企业自主创新的发展战略规划和相关政策，鼓励科技中小企业提高自主创新意识。②完善财政政策。河南省政府不仅要加大研究与试验发展方面的财政投入力度，还要通过制定相关财政和税收政策引导服务企业加大对技术创新资金的投入力度，创造有利于科技服务企业发展和自主创新的基础条件。③进一步完善知识产权保护制度，加大对科技服务企业技术专利和知识产权的保护力度，营造尊重和保护知识产权、技术专利的法治环境，提升全社会成员的知识产权意识和知识产权管理能力。通过强化科技人员和科技管理人员的知识产权保护意识，加大科技企业、科研院所、高等院校对知识产权管理的重视度。④起草和制定相关的对外开放政策，加大科技企业对外开放的力度，大力引进国际科技项目，促进省内与国外的合作。

（2）建立和完善科技服务产业风险投资机制。由于河南省科技服务企业规模一般属于中小型企业，大型科技服务企业比较少，中小企业在发展过程中往往需要大量资金，而受企业规模的限制等原因，会面临融资困难的问题。建设规范的风险投资机制是河南省政府的一项艰巨任务。同时，要起草和制定促进科技产业风险投资健康发展的法律法规和政策，鼓励有条件的大型科技服务企业上市。另外，政府应支持大型科技服务企业集团和高新技术参与风险投资。在扩大风险投资资金来源的同时，要优化风险投资的投资主体结构，完善风险投资机制，为科技企业发展创造更便利的条件。

6.3 保障措施

6.3.1 市场准入负面清单制度的保障措施

市场准入负面清单制度即以清单的方式准确、简明地列出在河南省境内允许哪些行业"走进来"、禁止哪些行业"走进来"，但重要的是遵守我国的法律法规，依法有序、平等进入市场交易。在政府工作报告中，党中央明确提出，要对市场准入制度进行更深层次的改革，对于一些行政审批进行改革创新。建立更加合理规范的管理制度、规范化的市场中介服务，同时做好政府工作，明确告诉人民群众政府的权利和义务，让政府切实地以法律为本行使好自己的权利。

6.3.1.1 市场负面清单制度的优势及作用

一是缩减事项，完善管理措施，健全负面清单制度体系。市场准入负面清单制度不仅是现代市场体系的重要组成部分，也是稳投资、稳预期的重要手段。二是抓住市场壁垒这个突破口，释放经济活力。市场准入体制要在同一水平线上推进，这是对各市场主体的尊重。针对市场体制中的贸易壁垒有必要建立长效机制。

6.3.1.2 对市场负面清单制度的要求及措施

（1）时刻牢记任何市场经济活动都应以"法律"为前提。从根源上把关法律的制定，多方联动、多方参与，相互借鉴经验，如号召社会各界有识之士积极提出自己的宝贵意见和建议；召开领导班子会议，进行法制教育、法律培训，以此提升法律意识。河南省的法制体制与其他市场经济发达的国家相比较不完善，在建设法治体系大厦时，一定要打牢基础，循序渐进，稳扎稳打。

（2）市场准入制度应从市场堡垒制度、政府审核批准制度等方面入手。市场准入制度在各国均有门槛、壁垒，河南省也不例外。20世纪八九十年代我国确立中国特色社会主义市场制度，取得了举世瞩目的成就，但也走过一些弯路。国务院在2019年的政府工作报告中多次提到市场准入制度及其相关措施，要求撤销一部分市场壁垒，放低市场门槛限制。着力破除市场准入隐性壁垒，使各类资本可以进入一些开放或取消管理的领域。国务院多次提到所设限制的门槛必须符合国家规定，不得设置所谓的"特制门槛"，坚决纠正个别地方、个别政府的"虚情假意"的审批。对于一些明显的、隐形的市场壁垒必须采取强制性"去除措施"。

（3）结合当地情况，因地制宜。对于积极研发产品、拥有工匠精神的企业，有必要设立创新标准试点，放低这些企业的门槛。另外，要加强市场监管，建立责任负责制或者与当地政府的年终考核相联系，最大限度地调动当地政府的积极性。年终考核可以定量定性，从质和量两个方面来把握，坚定道路、方法自信。每个企业都有事关企业生死问题的核心技术、核心机密，因此要加强版权保护、信用体制建设以实现多赢、互赢。

（4）加快建立与国际规则接轨的现代化市场体系，营造法治化的营商环境。政府在市场中必须合理定位地位。人民满意是政府职责界限的最大值，人民不满意就是最小值。政府职责界限不能超出此区间，亦不能心存侥幸搞所谓的"无限趋近"。具体来说，就是时刻保证人民大众的知情权、参与权等基本权利。从宏观上来看，人民大众的知情权和参与权需要与市场的负面清单相联系，要保证政府在审核批准方面的透明度、可见性，实现政府工作的可操作性和百姓工作的可见性。

6.3.2 扩大外资市场准入领域

6.3.2.1 扩大外资市场准入制度

《市场准入负面清单（2019年版）》由中共中央、国家发展改革委等部门批准并制定，进一步细化允许"走进来"的主体，进一步明确规划政府市场的监管。市场准入制度即市场运行主体需受到国家审批和登记、市场主体受到国家法律保护、市场运行秩序受到国家保护，其中政府担任"守夜人"的角色，尊重企业在市场中的主体作用，标志着我国与河南省市场经济迈出了法制化、有序化的重要一步。

6.3.2.2 外资市场准入制度

外资市场准入制度的改革创新是党中央对市场发挥资源配置决定作用的肯定，将有利于非严令禁止市场主体的进入；有利于发挥市场主体的能动性，增强市场监管主体的平等意识和观念，降低市场主体进入市场的门槛，最大限度地实现平等。此次改革是一场大范围的创举，真正推进了相关体制机制的改革创新，如建立更加完善的市场监管体系和奖励惩戒机制；经济基础决定上层建筑，经济的进步必将推进国家治理体系的进步和发展。同时，一定要形成完善的市场体制、不断优化升级的市场环境，切实落实上级的经济政策，掀起新一轮的经济改革热潮。

6.3.2.3 在市场中不同领域采取的措施

顺应上级经济计划改革目标，河南省可在具有普遍性的行业进行试点推广，将其中的特殊性转化成普遍性。如在文化、旅游、健康、教育等领域推广市场改革理念，逐步强化市场监管，改善市场环境，其中最关键的还是加强法制建设，增强行业发展的稳定性和安全性。

（1）在文化服务领域对于政府的审查批准开展试点性调查，由"摸着石头过河"到"走出一条自己的路"。企业更应如此，积极吸取经验建立起属于本企业的特色文化。以电影行业为例，由于电影行业近几年发展迅速，加快电影行业的改革显得尤为重要。对于电影行业的制作方来说，需采用更多新形式来适应千变万化的市场，如 VR 影视、"互联网+电影"等比较容易受大众欢迎的表现形式。同时，拓展数字影音、动漫游戏、网络文学等数字文化内容，运用新的形式进行嫁接，时刻让游客、玩家保持新鲜感。

（2）制定出台建设国际旅游消费中心实施方案。制定出符合本省情况的旅游服务方案，该方案应面向国际化方向，以满足消费者的消费需求，同时及时总结多个优秀国家旅游发展的方式和方案，如新加坡、马来西亚、马尔代夫等以旅游业为支柱型产业的国家。同时进一步简化入境旅游签证，或实行入境免签政策。还要对自驾游、旅居车等给予一定政策上的倾斜，鼓励自驾游、旅居车的出行。加强与国外较强旅游企业的合作，在较多旅游业务上进行开放，取其精华去其糟粕。在乡村中，按照先修路后致富的思维发展旅游业；对传统优秀文化资源进行改造升级，提高乡村旅游资源的附加值；进一步地，应建设自然生态保护区，为农村的发展保驾护航；为解决游客住宿问题，应建设租赁式公寓、民宿客栈等旅游短租服务，以此进行"开源节流"。

（3）健康领域。中共中央一直重视医疗卫生服务体系建设、医疗机构设置规划、大型医用设备配置规划。对于符合市场规定的市场主体不得以任何理由将其排斥在外，应积极引进社会医疗机构，合理放宽社会医疗机构配置。

6.3.3 推动产业安全有序开放

河南省的产业安全建立在国家产业安全的基础上，其产业安全可由以下指标来衡量：某个特定服务业市场的对外依赖程度；市场中的市场控制、技术控制和资本控制；产业在国际上的竞争力。以上是在不同层面对于产业安全的表现形式，对河南省服务业的产业安全具有非常重要的作用与意义。针对第一项对外依赖程度，据计算，目前河南省服务贸易依赖程度低于世界平均水平，也低于全国平均水平，从这点来看，在产业安全中需要继续保持这样一个依赖程度。针对第二项市场控制、技术控制和资本控制，据计算，交通运输、仓储和邮政、文化以及娱乐等传统行业的外商投资企业的外资股权控制率与其他行业相比并没有明显提升，其他行业与之相比都有所提升，其中，以水利、环境以及公共设施管理行业为主，教育、住宿餐饮等行业外资股权控制率相对提高得最多，这些表现是对产业安全发展的一个警示。针对第三项在国际上的竞争力，不同于第一项，虽然服务贸易的依赖程度低于人均值，但是在服务质量水平方面普遍较高，服务贸易的竞争力也较强，这从侧面体现在扩大开放的同时，更需要注意服务业国际竞争力的发展。目前国内现状是对于产业安全相关制度与政策存在不完善以及与现实状况不相符的情况，在这样的大环境下，如何推动产业安全的有序开放也是亟待解决的问题。

如何做到有序开放，从宏观角度来说，在政府方面，在了解产业安全的重要性后，积极主动地推进产业安全方面的知识层级普及。政府工作在这方面至关重要，对于产业安全的普及工作要做到广泛而深入的了解。在了解产业安全后，政府要结合河南省的实际发展特点，从不同角度来探索与实际服务贸易切实结合的保护产业安全的政策制度，比如实际了解不同服务业的特点，结合这种特点定制推动产业安全发展的政策，然后根据特色的服务业产业安全政策去推动实行，最后还需要与服务业主体进行切实的交流，做到政策合理化。

在推动产业安全发展的同时需要注意有序发展，把握整体服务业产业安全的方向，满足当下产业安全的需求，从宏观角度把控好推动服务业产业安全的内容，稳步保持服务业产业安全有序开放。

6.3.4　完善引资平台载体建设

引资平台载体的建设对于服务业的开放有着重要影响，引资是服务贸易发展的重要举措，如何完善引资平台载体建设是进一步实现服务业扩大开放的重要步骤。精准发展是完善引资平台载体建设的切实工作，以习近平新时代中国特色社会主义思想为指导促进各部门做好平台建设，落实根本思想，做到在建设中谋发展，在发展中不断牢固树立发展新理念。要积极主动应对新变化，抢抓新变化中蕴含的战略机遇，坚定不移走好绿色转型、绿色跨越的路子。要加强对产业升级规律的研究，提高引资平台配套企业的结合度，通过资源整合实现取长补短、错位发展，促进服务产业链条不断向中高端延伸，不断推动产业集聚发展、推行高质量发展。努力建设一批省级示范服务贸易产业基地和项目，逐步引进专业机构和外资，对于服务贸易企业的孵化器发展要不断进行政策鼓励，实现服务贸易企业创新发展，为服务贸易企业提供源源不断的创新创业支持。

目前，河南省引资平台载体建设发展环境正在发生深刻的历史性变化。作为中原中心区城市之一，要充分发挥好"区域好"的优势，抢抓河南省成为服务业高融合发展时代，多个国家战略真正实现优势叠加的战略机遇，迅速掀起新一轮引资平台载体建设的热潮。充分挖掘河南省"空间大"的优势，坚持发展精准型引资平台资源，进一步挖掘有潜力的引资平台载体，加强政策措施研究，营造更加良好的营商环境。放大河南省"位置优"的优势，做好位置文章，讲好位置故事，打响引资平台载体品牌，走好引资平台载体建设与服务业扩大开放协调互促的新路子。政府各级部门要充分认识到抓引资平台载体建设就是抓服务贸易的发展，谋引资平台载体建设就是谋未来，始终保持良好的监管状态，将引资平台载体建设作为发展中心，以努力务实的精神扎实推进。

要把引资平台载体建设作为提升区域竞争力的主要引擎、作为推动高质量发展的关键抓手，主动提供涉企服务，强化要素保障，超前谋划组织员工培训，让更多引资平台在河南落地生根，为服务贸易的发展提供更好的交流发展平台。各级政府和部门要迅速传达精神，突出以引资平台建设为问题导向、以完善引资平台载体建设为目标导向，继续紧抓平台建设重点、补发展短板、发展重点聚焦于发展弱项。要不断贯彻新发展理念，加大引资平台载体建设推进力度，加强引资平台载体研究，精准提出完善引资平台载体建设方向，深化处理建设过程中出现的问题及阻碍，推动引资平台载体建设的转型，夯实服务贸易扩大开放的基础。

对于整体完善要对标任务抓完成。一是要坚持问题导向，发扬赶超精神，明确责任和时限要求，确保各项目标任务按时完成。二是要围绕引资平台载体建设抓落实。按照"引资平台载体建设抓落地、完善引资平台载体建设抓转化"的要求，搞好服务保障，主动跟进对接，全面加快在建项目进度和协议项目转化力度。三是要拓展完善引资平台载体建设范围。要认真落实中小微平台载体优惠政策，持续优化提升营商环境，扎实推进引资平台载体发展进入规范化进程。四是要围绕服务抓建设，引资平台载体建设和基础配套设施建设需要不断加快深入推进，持续不断地加大引资力度，发挥平台载体优势，从而提高整体承载力和吸引力。

6.3.5 强化利用外资要素支持

不断强化外资要素支持的组织与领导，发挥河南省内各地经济贸易发展会议机制的作用，从全省层面抓起利用外资的总体统筹工作。要逐步建立河南省特色利用外资的项目信息库，加强部门与地方之间的协调与沟通。进一步加强全省外商投资通报、检查、评估、激励等工作机制，形成良好的工作氛围。要继续加强各地区各级政府的组织和领导，支持利用外资要素发展，将各地主导服务产业和重大服务外资项目作为发展主体，不断加大对外招商引资力度。

利用外资要素支持机制来对管理体制进行改革，不断深化改革力度，简化利用外资要素支持管理程序。另外，放宽市场主体注册要求，支持符合注册条件的外商投资企业实施简易注销登记管理，以不断完善利用外资要素支持的过程管理。

完善利用外商投资要素支持监管、服务体系及服务业外商投资信息报告和公示制度，同时加强监管数据平台建设，实现各部门之间的监管更加协同化、执法水平更加综合稳定化。实现政府与外商之间的上下密切联系，政府部门之间的联动以及综合协调的可持续发展工作机制，积极整合各类公共服务资源和平台。政府部门要坚持依法行政，加强对引资的监督管理，在新型环境下构建新政商关系。

拓宽利用外资要素支持渠道。依托国际商会（协会）、驻外机构、外资企业和自然人等拓宽引资渠道，创新引资方式，实现精准引资。扩大利用外商投资要素支持领域。鼓励外资积极参与以服务业新经济为龙头的战略性新兴服务产业建设。

强化利用外资要素支持政策。优化利用外资要素支持的创新合作政策，强化利用外资外商投资要素支持保障。建立吸引利用外资要素支持协调及考核评价机制，不断加大吸引外资工作在招商引资考核中的权重。支持各地结合实际在法定权限内制定出台招商引资优惠政策。完善招商引资扶持政策，对就业、经济发展、技术创新贡献大的项目，在降低企业投资和运营成本方面加大支持力度。推进外资跨国公司本外币资金集中运营管理改革，对省内跨国企业集团适当降低开办跨境人民币、外币资金池业务门槛。按照宏观审慎管理原则，进一步便利跨国公司外币资金集中运营管理，提高境内银行通过国际外汇资金主账户吸收的存款境内可运用比例。加大政府性资金对外资项目的支持。积极争取国家丝路基金、中非产能合作基金等，统筹推进与德国促进贷款、法国开发署贷款、欧洲投资银行、以色列政府贷款等国外政府性贷款合作，对重大引资项目予以支持。加大河南省财政预算内投资、专项建设基金对招商引资实际到位资金项目的奖励性扶持。

6.3.6　优化营商环境建设

在全球化背景下，坚决做好减税减负工作，为引入外资营造优良的营商环境基础至关重要。提高创新意识，促进围绕优势产业平台化招商的"虹吸效应"。鼓励河南企业走出去和发达国家的金融机构建立业务关系，丰富跨境资金流。促进国际性金融机构争相进驻河南，打造一个以国际贸易为基础的中部金融中心，吸引更多的海外优质资源来河南落地生根，提高河南对外开放建设水平。作为国内首个以物流为主题的特色自贸区打造丰富的贸易流，增加河南新郑机场与其他国家或地区机场的连接度，打通多式联运贸易通道，通过在更多国家设立区域采购总部、研发总部，打造别具特色的服务贸易发展模式，促进服务贸易生态系统发展。

自贸试验区建设迫切需要大力引进各类高层次人才。政府部门应着力于吸引高端人才，加强省内人才聚集。推动高校产学研合作，让国内外出色的重点高校与省内高校学生、教师通过学访、交流等形式，以提高本地人才的国际视野，带动学术科研成果转化，吸引省外河南籍人才回归，通过多种方式和渠道吸引国内外管理与经营方面的高端人才，建立相应的机制与模式，为服务贸易的开展奠定雄厚的人才基础。

强化改革意识、开放意识、服务经济意识，提升政府各级部门的思想认识。增强各企业的创新发展意识，走在时代国际前沿，树立全新的发展理念，提高企业的发展质量，将企业做大做强。树立品牌意识，加强河南服务贸易品牌的国内外宣传力度，借助互联网使河南品牌"走出去"以增强其国际知名度。推进政府、商会、企业组织不同形式的会议、活动让河南与其他国家或地区工商界之间增加共识、寻找商机。搭建经贸合作信息平台，为客商提供智能化信息渠道。探索服务监管体系制度创新，促进建立与国际贸易规则相衔接且更高效便捷、更有利于服务贸易要素跨境便利流动、更适应服务贸易健康发展的服务贸易管理体制与监管模式，同时要积极参与国际经贸相关规则的谈判与制定，对标国际规则，顺应高标准要求，营造健康的行业发展环境。

加快推进"放管服"改革，激发市场活力和发展动力，增加企业发展效益。打造"互联网+监管""大数据+监管"服务贸易监管体系，形成多层次服务贸易事中、事后监管机制。依托先进的产业布局，促进金融、文化旅游等领域扩大开放，吸引掌握核心技术的优势企业进驻，健全重大项目统筹推进机制，确保做到不仅引得来，还要留得住，更要发展得好。促进以大数据、云计算、智能化为核心的创新发展平台的搭建，同时注重知识产权的保护。

据我国商务部统计，2020 年我国第一季度服务进出口同比下降 10.8%，主要是旅行、运输、建筑等行业的影响所致。而知识产权使用费、金融服务、电信计算机和信息服务等行业则逆势增长，使我国服务贸易结构有所改善，即知识密集型、技术密集型服务贸易出口增长明显，特别是疫情防控期间在线教育、远程办公及服务业的数字化、智能化迎来短期利好。由此可见，高技术、高知识密集型服务贸易将成为服务贸易未来的发展方向。河南省应为自贸区从事服务贸易的相关企业打造有利于企业在特殊时期中保持健康发展的营商环境，如妥善解决疫情时期服务贸易企业面临的法律纠纷；出台切实有效的投资便利化措施；支持企业数字化、智能化转型；重视民营经济并给予其同等的市场竞争地位；减少审批、加大简政放权力度；推进公共问题的公开化、透明化，加强舆论监督；促进对外交流贸易的发展等以更好地优化企业的营商环境。

6.3.7 深化供给侧结构性改革

深化供给侧结构性改革，要继续抓重点、补短板、强弱项，确保经济实现量的合理增长和质的稳步提升。树立"开放的河南更精彩"理念，扩大发展范围、延伸发展领域、促进更深层次的发展，同时促进外商投资并加强对其的保护，通过国际竞争的引入强化供给侧质量。以科技创新为支撑，保障创新要素自由流动和高效配置，完善科技创新治理体系，推动整体社会生产力水平进一步飞跃。

在财政方面，做好重点领域保障。不断完善积极的财政政策实现提质增效，形成财政、货币政策同消费、投资、就业等政策的合力，引导向具有乘数效应的先进制造、基础设施建设短板等领域投入更多的资金，促进产业和消费实现"双升级"。

在金融方面，加强直接融资，优化市场交易制度，增加制造业中长期融资，提升民企、高科技企业的融资能力。将加快金融产业发展摆在突出位置，坚持金融服务实体经济的本质要求，加大财政金融对服务贸易的支持力度，完善配套的政策。同时，要在注重稳增长的基础上防风险。

在服务业方面，促进以市场机制、现代科技创新来推动服务业的新发展。

紧紧把握服务业扩大开放这一政策风口，加快实施服务贸易的供给侧结构性改革，促进特色优势产业及战略性新兴产业的发展。大力发展人才密集型、知识和技术密集型的现代服务业与服务贸易，加大服务业创新研发投入，发挥中原经济区的作用与"一带一路"沿线省市的优势互补，提高服务业出口产品档次和附加值，提升自主创新能力，形成具有国际影响力的河南省服务品牌，实现高质量发展。

大多数企业账面现金流难以支撑企业正常的运营，面临融资障碍。政府及有关部门应及时跟进企业诉求，就其面临的融资问题出台更加有针对性的政策，如持续实施税收优惠、适当延长还贷期限等政策帮扶服务贸易企业纾困，为其逆势稳定和开拓国际市场扫清障碍。

6.3.8 促进先进制造业和现代服务业的深度融合

制造业高质量发展的关键是产业创新。习近平总书记在河南考察调研时指出，"要通过技术创新、产业创新，在产业链上不断由中低端迈向中高端"。随着技术革命爆发新时代的到来，应在创新驱动战略的指引下，积极进行产业变革，将各主体有机联合起来进行系统性的产业创新，不断迭代不断保持制造业的发展活力和先进性。

历史与实践经验表明，加快推进"制造业服务化"是提升制造业核心竞争优势和促进制造业价值链攀升的重要途径。要充分发挥推动服务贸易发展中的货物贸易及跨境投资所起的带头作用。培育两业融合发展新模式，提高金融服务制造业转型升级提效对于促进服务业高质量发展具有重要意义。制定并落实制造业、服务业供给侧结构性改革专项方案，充分利用市场化、法制化手段，推进装备制造、现代物流等重点产业转型升级，由中低端向中高端迈进。因此，要建立健全一体化的涉外政策体系，增强货物贸易、服务贸易、外商投资三类政策的协同性，形成对外贸易促稳提质的强大合力。探索重点行业、领域融合发展新路径，开展两业融合试点，激发特色中小微企业融合发展活力，提升企业和机构的综合服务效能。制定并落实制造业、服务业供给侧结构性改革专项方案，充分利用市场化、法制化手段，推进装备制造、现代物流等重点产业转型升级。

把主攻方向放在提高制造业发展质量上，贯彻落实"巩固、增强、提升"方针，做好提升产业基础、促进产业链现代化工作，强化制造业在经济发展中的支柱地位。推进改造传统产业和培育新兴产业协同发展，实施新兴产业创新行动，打造食品、装备、材料、电子、轻纺等万亿元级主导产业集群，加快布局区块链、生命科学等产业。全面推进开放创新、制度创新，深入开展促进企业快速健康成长行动，积极培育并壮大优势企业。争取重大创新平台的搭建，力争成为国内重点科技创新源头。跟随大数据时代的步伐，打造全国数字经济发展新高地。

积极适应数字时代发展，探索数字技术、高端制造业、生产性服务业的融合发展，实施新兴产业创新行动，加快现代服务产业做大做强，推行"智慧+""大数据+"服务贸易发展新模式。面对智能制造、数字化转型，坚持以两业融合为主线，以智能制造为主要发展方向，以全面应对全球制造业发展格局的重大变化，帮助地方企业走出困境迎接新机遇，为河南经济增长注入新活力。

一些新的商业模式推动了诸多服务业的发展，如无人机配送、互联网、IT服务、消费者服务、O2O服务、医药医疗保健服务等。以成本、效率等方面的独特优势逆势而上创新高的中欧班列，成为稳定国际供应链的重要支撑。要充分整合管理体制和政策支持，推进制造业与服务业协同发展，打造互利共赢的靓丽风景线。

6.3.9　积极筹划建设河南自由贸易港

当前，上海、浙江、天津、广东、福建、海南等省份依托自由贸易试验区，正在加快探索推进自贸港建设。河南位于全国铁路网、高速公路网和航空网中心，多式联运、交通体系和物流体系建设具备得天独厚的优势。郑州片区紧邻保税区，拥有航空、铁路口岸和水果、肉类、邮政等特种进口商品指定口岸，积极构建多式联运国际性物流中心；开封片区利用其优势重点打造文创产业；洛阳片区的装备制造业转型升级能力和国际产能合作能力不断提升，正向国际智能制造合作示范区的目标迈进。2019 年河南跨境电商进出口达到 1581.3 亿元，居全国前列、中西部首位，河南申建自由贸易港具备坚实基础。支持河南自由贸易港的建设，有利于把我国中部地区建成全方位开放的重要支撑区，有利于河南积极融入京津冀协同发展、长江经济带发展战略。首先，可依托空中、陆上、海上丝绸之路，通过实施贸易和投资便利化政策，把河南现代交通枢纽优势、物流网络优势、要素集聚优势枢纽城市的区域辐射力凸显出来；其次，努力将河南打造成东亚经济圈和欧洲经济圈的内陆支撑点，构筑"三区一群"发展新的增长极，形成陆海联动、东西双向互济的开放新格局，将会推动河南省服务贸易迈向更高层次的开放领域，实现更高程度的资源优化配置，实现河南经济的高质量发展。

7　总结

"十三五"时期，服务业已成为我国国民经济的第一大产业，服务贸易的发展水平与竞争力也不断得以提升。"十四五"时期，服务贸易特别是高附加值服务贸易必将成为助力经济复苏的重要战略支点。河南自贸试验区应紧抓契机，不断拓宽服务业开放领域，做强服务业总体规模，提升服务业质量效益，助力河南加快高质量发展的新征程。

7.1　河南服务贸易存在的问题

（1）结构不合理。劳动密集型的低附加值项目所占比重较大，如建筑安装、劳务承包、运输、旅游及其他商业服务等，而技术密集型高附加值服务产业发展相对缓慢，如金融、专有权利、特许、信息服务、计算机、教育等所占比例较低。

（2）出口规模偏小。近年来河南服务贸易额虽整体呈上升趋势，但出口规模偏小、与沿海城市差距较大，即便与中部其他省份相比也有一定的差距。不但规模小，而且出口增长速度也远小于进口增长速度，造成较大的服务贸易逆差。

（3）区域发展不平衡。河南省服务贸易主要集中在郑州、洛阳、漯河、新乡、濮阳等地区，而周口、信阳、南阳等地区服务贸易规模较小，这种区域之间的不平衡在一定程度上阻碍了服务贸易的整体高质量发展。

（4）高质量人才储备不足。河南省虽是人口大省，但非人才大省，人力资源相对缺乏而且流失严重。"985""211""双一流"高校较少，高校和培训机构对服务贸易人才的培养还存在短板，尤其技术密集型服务贸易人才最为缺乏。

7.2 借鉴先进经验，构建促进服务贸易发展的长效机制

一是加强服务贸易高端人才的培养。服务贸易的高质量发展是涉及人才、资本、知识、技术等诸多因素的系统工程，其中服务贸易人才储备是实现服务贸易创新发展的核心要素。河南虽是人口大省，但非人才强省，在教育服务贸易方面的发展也明显滞后。因此，要积极在自贸区试点以中外合作甚至是外商独资的方式实施教育服务贸易开放，特别是在学制类职业教育方面先行先试，丰富优质教育资源。

二是完善服务贸易政策保障体系。首先，在财政方面，做好重点领域保障，形成财政政策同消费、投资、就业等政策的合力，引导向具有乘数

效应的先进制造、基础设施建设短板等领域投入更多资金，促进产业和消费"双升级"。其次，在金融方面，加强直接融资，优化市场交易制度，增加制造业中长期融资，提升民企、高科技企业的融资能力。再次，受新冠肺炎疫情影响，大多数企业2020年上半年的营收比有所降低，服务贸易行业受此影响也较为严重，面临融资障碍。政府及有关部门应及时跟进企业诉求，就其面临的融资问题出台更加有针对性的政策，如持续实施税收优惠、适当延长还贷期限等政策帮扶服务贸易企业纾困，为其逆势稳定和开拓国际市场扫清障碍。最后，应大力支持服务贸易企业探索跨境电商海外仓、外贸服务平台等新模式和新业态，实现服务贸易产业稳定发展与提质增效。

7.3　优化营商环境，打造促进服务贸易发展的生态系统

首先，在平台建设方面，利用河南自贸试验区的物流枢纽优势，以郑州航空港、中原国际陆港等为载体，以国际化多式联运体系、多元化贸易平台为支撑，打造具有国际水准的对外开放高端平台，积极借鉴上海的"一站式"关检合作模式，在发展数字贸易、互联网金融等服务贸易领域形成别具特色的发展模式。

其次，在"放管服"改革方面，继续稳步推行市场准入负面清单制度，做到"非禁即入"的市场准入模式。完善与服务贸易相适应的口岸通关模式和海关监管模式，推动特定区域和产品的全过程保税。积极利用大数据、云计算、物联网、区块链、人工智能等技术不断升级传统的监管模式，打造

"大数据+监管""互联网+监管"的服务贸易监管体系。

最后，加快建立健全涉外政府部门的服务贸易统计体系。服务贸易数据资源作为大数据时代重要的生产要素，对于精准研判服务贸易发展趋势、科学制定服务贸易政策措施、统筹推进服务贸易协调发展具有重要价值。然而，河南省当前服务贸易统计却存在严重的信息孤岛问题，服务贸易数据主要集中于外汇管理局，而省商务厅与郑州海关却无法实时共享相关数据，且各部门有关服务贸易数据的统计口径需求也不尽一致。因此，政府应当适应满足服务贸易统计需求，尽快健全服务贸易统计组织架构、完善服务贸易统计标准、强化服务贸易数据资源共享，为服务贸易管理与决策提供数据支持。

7.4 促进两业深度融合，加快服务贸易高端化发展

第一，实现先进制造业与现代服务业深度融合发展。历史与实践经验表明，加快推进"制造业服务化"是提升制造业核心竞争优势和促进制造业价值链攀升的重要途径。因此，要建立健全一体化的涉外政策体系，增强货物贸易、服务贸易、外商投资三类政策的协同性，形成对外贸易促稳提质的强大合力。探索重点行业、领域融合发展新路径，开展两业融合试点，激发特色中小微企业融合发展活力，提升企业和机构的综合服务效能。制定并落实制造业、服务业供给侧结构性改革专项方案，充分利用市场化、法制化手段，推进装备制造、现代物流等重点产业转型升级。积极适应数字时代发展，探

索数字技术、高端制造业、生产性服务业的融合发展，实施新兴产业创新行动，加快现代服务产业做大做强，推行"智慧+""大数据+"服务贸易发展新模式。

第二，大力发展知识密集型产业，加快服务贸易转型升级。新冠肺炎疫情期间高附加值的知识密集型服务贸易逆势增长，这充分说明服务贸易已然成为稳定经济的新引擎，促进服务贸易高端化发展具有重要的战略意义。从全球趋势来看，数字经济和数字贸易迅速发展，新一代信息技术应用促进了全球价值链和国际分工格局的整合重构，高技术、高附加值的知识密集型服务产业已然成为未来服务贸易的"制高点"。河南省应把握服务贸易发展的大局，大力发展知识和技术密集型的现代服务业与服务贸易。发挥中原经济区与"一带一路"沿线省份的优势互补作用，提升服务业出口产品附加值，形成具有国际影响力的河南服务品牌。

7.5 不断完善河南自贸区服务业建设

第一，加快先进制造业的发展。现代服务业长期快速发展必须有一个强大的工业基础和先进的制造业做支撑，应大力培育发展新能源汽车、新材料、人工智能、手机、装备制造等高端制造业，培育发展一批先进制造业集群，提升产业链的水平。

第二，大力发展第三产业。支持经济效益见效快、吸纳就业人数多的产业，如文化产品创新、房地产业、特色餐饮行业等。积极发展旅游业，如酒店管理、文化产业园、公共交通行业等。发展高技术、高收益、高回报的高端服务业，如咨询行业、会计、总部经济、会展管理等。

第三，加强文化品牌建设。"一部河南史半部中国史"，河南历史悠久，文化厚重。郑州、开封、洛阳都曾是我国的古都，文化底蕴尤其深厚。应加大力度宣传大宋文化、汴京文化、大梁文化、大唐文化、祭祖文化、大商文化，打造强有力的文化品牌效应，促进文化服务业的发展。

参考文献

［1］ Antras P, Helpman E. Global sourcing ［J］. Journal of Political Econo-my, 2004, 112 （3）: 552-580.

［2］ Cooper R G. New product strategies: What distinguishes the top perform-ers? ［J］. Journal of Product Innovation Management, 1984, 1 （3）: 151-164.

［3］ Goldsmith R W. A perpetual inventory of national wealth ［R］. NBER Working Paper, 1951.

［4］ Larch M, Lechthaler W. Comparative advantage and skill-specific unem-ployment ［J］. The B. E. Journal of Economic Analysis & Policy, 2011, 11 （1）: 1-58.

［5］ Markusen A, Schrock G. Consumption-driven urban development ［J］. Urban Geography, 2009, 30 （4）: 344-367.

［6］ Markusen J R. Trade in producer services and in other specialized inter-mediate inputs ［J］. The American Economic Review, 1989, 79 （1）: 85-95.

［7］ Tolson M B. The Poetry of Melvin B. Tolson （1898-1966） ［J］. World Literature Today, 1990, 64 （3）: 395-400.

［8］Tripoli E, Giammanco M, Tabacchi G, et al. The phenolic compounds of olive oil：Structure, biological activity and beneficial effects on human health ［J］. Nutrition Research Reviews, 2005, 18（1）：98-112.

［9］鲍晓华, 陈伟智, 高磊. 服务贸易发展的国际比较及其对我国的启示 ［J］. 外国经济与管理, 2013, 35（12）：70-79.

［10］曹亚军. 河南省服务业发展现状分析 ［J/OL］. 品牌研究, 2018（S2）：30, 34 ［2020 - 03 - 08］. https：//doi. org/10. 19373/j. cnki. 14 - 1384/f. 2018. s2. 019.

［11］崔晨涛. 新常态下河南产业集聚区发展的机遇与路径 ［J］. 市场研究, 2015（6）：38-41.

［12］戴翔. 在扩大服务业开放中发展更高层次开放型经济 ［J］. 国家治理, 2018（45）：3-7.

［13］樊瑛. 中国服务业开放度研究 ［J］. 国际贸易, 2012（10）：10-17.

［14］郝宇彪, 刘江汇. 贸易博览会对中国贸易发展的影响机制分析——基于平台经济理论视角 ［J］. 社会科学, 2019（8）：46-56.

［15］何德旭, 饶明. 中国两缺口不缺情况下的外资引进：1994 - 2004—— 一个金融视角下的微观解释 ［J］. 经济学家, 2007（1）：25-31.

［16］何骏. 中国服务业国际化水平的比较研究——基于PCA综合指标的构建与评价 ［J］. 中国经济问题, 2013（4）：68-79.

［17］霍建国. 加快服务业开放确保安全高效发展 ［J］. 中国外资, 2014（5）：16-21.

［18］贾晶. 我国服务贸易竞争力水平研究 ［D］. 河北大学, 2011.

［19］康增奎. 我国金融服务贸易竞争力影响因素实证研究 ［J］. 商业经

济研究，2017（1）：134-136.

[20] 来有为，陈红娜．以扩大开放提高我国服务业发展质量和国际竞争力 [J]．管理世界，2017（5）：17-27.

[21] 李钢，郝治军，聂平香．对我国服务业开放的多维度评估 [J]．国际贸易，2015（1）：53-58.

[22] 李钢，李俊．中国服务贸易的未来竞争优势——基于比较优势动态的分析 [J]．人民论坛·学术前沿，2015（10）：64-73.

[23] 李俊．建设服务贸易强国的战略思考 [J]．国际贸易，2018（6）：4-8.

[24] 李俊，郭周明．我国服务贸易发展战略重点、主要任务与政策建议 [J]．国际商务研究，2013，34（6）：29-40.

[25] 李文勇．扩大服务业对外开放思路与服务贸易创新发展探析 [J]．当代经济，2019（1）：104-105.

[26] 李伍荣，杨雪玉．影响中国服务贸易出口的可量化因素分析 [J]．经济与管理，2008（2）：14-18.

[27] 刘菊芳．论改革开放背景下知识产权服务业发展 [J]．中国发明与专利，2018，15（8）：57-68.

[28] 刘庆林，段晓宇．服务业开放模式与中国的路径选择 [J]．济南大学学报（社会科学版），2016，26（4）：99-104.

[29] 裴长洪，彭磊．对外贸易依存度与现阶段我国贸易战略调整 [J]．财贸经济，2006（4）：3-8，96.

[30] 尚庆琛．"一带一路"倡议下中国服务贸易发展策略研究 [J]．国际贸易，2017（9）：15-18，23.

[31] 世界贸易组织．2019 年世界贸易报告 [M]．上海：上海人民出版

社，2019.

[32] 宋加强，王强．现代服务贸易国际竞争力影响因素研究——基于跨国面板数据 [J]．国际贸易问题，2014（2）：96-104.

[33] 宋晓东．"一带一路"背景下的中国国际服务贸易发展 [J]．中国流通经济，2016，30（12）：71-77.

[34] 孙昌岳．服务业扩大开放正当其时 [N]．经济日报，2019-03-28（013）.

[35] 王国中，赵丹．人口老龄化与疗养服务贸易发展探讨 [J]．商业时代，2009（17）：39-40.

[36] 王衡．论气候变化语境下的国际服务贸易法适用问题：以一般例外规则为视角 [J]．现代法学，2012，34（2）：138-151.

[37] 王爽．我国服务贸易出口技术结构演进及提升路径——基于出口复杂度的视角 [J]．学习与探索，2018（7）：137-142.

[38] 王小玲．"一带一路"背景下中国服务贸易的新特征及发展策略 [J]．国际经济合作，2019（3）：43-52.

[39] 王晓玲，孙悦．我国现代服务业借力"互联网+"实现转型 [J]．现代电信科技，2015，45（4）：1-4.

[40] 王治，王耀中．中国服务业发展与制造业升级关系研究——基于东、中、西部面板数据的经验证据 [J]．华东经济管理，2010，24（11）：65-69.

[41] 夏杰长．开创服务业高质量发展的新格局 [J]．中国经贸导刊，2019（21）：65，78.

[42] 薛敬孝，韩燕．服务业 FDI 对我国就业的影响 [J]．南开学报，2006（2）：125-133.

［43］杨洪爱，殷为华．中国服务贸易结构优化影响因素与策略研究［J］．商业经济研究，2019（22）：153-156.

［44］杨长湧．我国扩大服务业对外开放的战略思路研究［J］．国际贸易，2015（4）：59-66.

［45］姚战琪．入世以来中国服务业开放度测算［J］．经济纵横，2015（6）：20-26.

［46］叶辅靖．我国服务业扩大开放的主攻方向［J］．国际贸易，2018（12）：44-47.

［47］张宝友，杨玉香，孟丽君．我国服务业发展水平评价及对其出口竞争力影响研究［J］．国际商务研究，2017，38（3）：75-86.

［48］张珂珂．一带一路与河南十三五经济增长动力机制研究［J］．郑州航空工业管理学院学报，2017，35（1）：26-34.

［49］张鹏．发展平台经济助推转型升级［J］．宏观经济管理，2014（7）：47-49.

［50］张为付．服务业与服务贸易发生发展机理研究［J］．世界经济与政治论坛，2006（4）：32-37.

［51］张永梅．河南省服务业利用 FDI 影响因素实证分析［J］．经贸实践，2016（23）：13-14.

［52］张志明．中国服务贸易的异质劳动力就业效应——基于行业面板数据的经验研究［J］．世界经济研究，2014（11）：49-54，73，88.

［53］张军，吴桂英，张吉鹏．中国省际物质资本存量估算：1952-2000［J］．经济研究，2004（10）：36-44.

［54］赵静．"一带一路"沿线主要国家服务贸易竞争力评价［J］．云南师范大学学报（哲学社会科学版），2019，51（3）：130-141.

［55］中华人民共和国主席习近平. 开放合作 命运与共［N］. 人民日报，2019-11-06（003）.

［56］朱平芳，王永水，李世奇，谢婼青. 新中国成立 70 年服务业发展与改革的历史进程、经验启示［J］. 数量经济技术经济研究，2019，36（8）：27-51.

［57］庄惠明，黄建忠，陈洁. 基于"钻石模型"的中国服务贸易竞争力实证分析［J］. 财贸经济，2009（3）：83-89.